Hermann Lotze

Grundzüge der Psychologie

Hermann Lotze

Grundzüge der Psychologie

ISBN/EAN: 9783743337480

Hergestellt in Europa, USA, Kanada, Australien, Japan

Cover: Foto ©Suzi / pixelio.de

Hermann Lotze

Grundzüge der Psychologie

Grundzüge
der
Psychologie

Dictate aus den Vorlesungen

von

Hermann Lotze

Leipzig
Verlag von S. Hirzel
1881

Vorwort.

Göttinger Herkommen gemäß pflegte mein Vater in seinen Vorlesungen den Gang der Auseinandersetzungen in kurzen Dictaten zu resümiren. Als daher diesen Sommer nach seinem unerwarteten Hinscheiden an meine Brüder und mich die Verpflichtung herantrat, denjenigen Herren, welche hier in Berlin seine Collegien (über Psychologie und über Metaphysik) besucht hatten, nach Möglichkeit auch den rückständig gebliebenen Theil dieser Vorlesungen zu bieten, da war es das Nächstliegende, von demselben diese Dictate in der Fassung drucken zu lassen, in welcher sie unser Vater gegeben hatte, als er die betreffende Vorlesung zum letzten Male in Göttingen hielt. Dem entsprechend sind die Dictate aus dem Colleg über Psychologie auf den folgenden Bogen so publicirt, wie sie mein Vater im Wintersemester 1880/81 formulirt hat und wie ich damals selber als meines Vaters Zuhörer sie mit nachgeschrieben habe. Da der Wunsch ausgesprochen wurde, gerade die Skizze der Psychologie allgemein zugänglich zu machen, so ist von derselben nicht bloß der in den Berliner Vorlesungen meines Vaters rückständig gebliebene Theil, sondern das Ganze gedruckt und von der Firma, mit welcher mein Vater vom Anfang seiner schriftstellerischen Thätigkeit an in Verbindung gestanden hat, in Verlag genommen worden.

Es sei mir gestattet unserem langjährigen Freunde Herrn Professor E. Rehnisch in Göttingen, der mir auch in diesen Angelegenheiten rathend und helfend zur Seite gestanden hat und zum Schluß noch die Bogen einer eingehenden Revision unterzog, sowie den Herren Commilitonen in Göttingen und in Berlin, welche durch Ueberlassung ihrer Hefte die Drucklegung ebensowohl der hier vorliegenden Skizze der Psychologie, als der Dictate aus dem Colleg über Metaphysik in der entgegenkommendsten Weise förderten, auch hier meinen herzlichen Dank auszusprechen.

Berlin, 24. September 1881.

Robert Lotze, stud. jur.

Inhalt.

	Seite
Einleitung	VII

Erster Theil. Von den einzelnen Elementen des inneren Lebens.
- Erstes Kapitel. Von den einfachen Empfindungen ... 3
- Zweites Kapitel. Ueber den Verlauf der Vorstellungen ... 16
- Drittes Kapitel. Von dem beziehenden Wissen und der Aufmerksamkeit ... 23
- Viertes Kapitel. Von den räumlichen Anschauungen ... 27
- Fünftes Kapitel. Von der sinnlichen Weltauffassung und von den Sinnestäuschungen ... 39
- Sechstes Kapitel. Von den Gefühlen ... 44
- Siebentes Kapitel. Von den Bewegungen ... 48

Zweiter Theil. Von der Seele. (Theoretische Psychologie.)
- Erstes Kapitel. Von dem Dasein der Seele ... 55
- Zweites Kapitel. Von der Wechselwirkung zwischen Seele und Körper ... 59
- Drittes Kapitel. Vom Sitze der Seele ... 63
- Viertes Kapitel. Von den Zeitverhältnissen der Seele ... 67
- Fünftes Kapitel. Von dem Wesen der Seele ... 71
- Sechstes Kapitel. Von den veränderlichen Zuständen der Seele ... 77
- Siebentes Kapitel. Von dem Reiche der Seelen ... 87

* * *

Verzeichniß der literarischen Publicationen Hermann Lotze's ... 93

Einleitung.

Empfindungen Vorstellungen Gefühle und Strebungen bilden die wohlbekannten Thatsachen, deren Ganzes wir mit Vorbehalt künftiger Prüfung als das Leben eines eigenthümlichen Wesens, der Seele, zu bezeichnen pflegen. Unsere wissenschaftlichen Bedürfnisse würden vollkommen befriedigt sein, wenn wir zuerst nach Anleitung der Beobachtung vollständig alle einzelnen Bestandtheile dieses Lebens und die allgemeinen Formen ihrer Verknüpfung darstellen könnten (descriptive oder empirische Psychologie); wenn wir ferner die Natur des Subjects dieses ganzen Lebens, so wie die wirksamen Kräfte und Bedingungen namhaft machen könnten, durch welche das Ganze dieses Lebens hervorgebracht und genöthigt wird, jene erfahrungsmäßig bekannten Formen seines Verlaufs inne zu halten (erklärende, mechanische oder metaphysische Psychologie); wenn wir endlich den vernünftigen Sinn angeben könnten, wozu dies alles vorhanden ist, oder den Beruf, den das Seelenleben überhaupt im Ganzen der Welt zu erfüllen hat (ideale oder speculative Psychologie). Da die letzte Aufgabe eine Auflösung in streng wissenschaftlicher Form nicht zuläßt, die Behandlung der ersten aber sich bequem mit der der zweiten verbinden läßt, so ist die wesentliche Frage, mit der wir uns beschäftigen, diese: „Unter welchen Bedingungen, und durch welche Kräfte entstehen die einzelnen Vorgänge des geistigen Lebens, wie verbinden und modificiren sie sich unter einander und bringen durch dies Zusammenwirken das Ganze des geistigen Lebens zu Stande?"

Unsern Weg aber nehmen wir so, daß wir dem Gange der Sache selbst folgen, nämlich zuerst von den äußeren Eindrücken sprechen, durch welche die geistige Thätigkeit alle Augenblicke von neuem angeregt wird, dann von der mannigfaltigen inneren Verarbeitung, die diese Eindrücke erfahren, endlich von den Rückäußerungen, Bewegungen, Handlungen, die daraus hervorgehen. Nach der Durchmusterung dieser einzelnen Elemente des geistigen Lebens wird dann erst eine gesammelte Ueberlegung über die innere Natur des Subjects möglich sein, das dieses Leben führt.

Erster Theil.

Von den einzelnen Elementen des inneren Lebens.

Erstes Kapitel.
Von den einfachen Empfindungen.

§ 1.

Wir verstehen unter einfachen Empfindungen hier diejenigen, in deren Inhalt keine Zusammensetzung aus ungleichartigen oder gleichartigen Theilen uns bemerkbar ist, und denken uns ferner dieselben, wie es gewöhnlich der Fall ist, durch äußere Eindrücke veranlaßt. In diesem Falle unterscheiden wir in der Entstehung der Empfindungen als ersten Vorgang den äußeren Sinnesreiz. Kein Gegenstand wird durch sein bloßes Dasein Object einer Wahrnehmung; er wird es nur dadurch, daß er entweder selbst sich unserm Körper bis zur Berührung nähert, wie es beim Stoß der Fall ist, oder daß er einem ihn umgebenden Medium Bewegungen mittheilt, die sich in diesem von Element zu Element fortpflanzen und zuletzt unsern Körper erreichen, wie es der Fall ist bei Schall- und Lichtwellen. In allen Fällen aber ist dieser äußere Sinnesreiz eine irgend wie gestaltete Bewegung irgend welcher Massen und hat an sich selbst keine Aehnlichkeit mit den geistigen Vorgängen, die auf ihn folgen sollen.

§ 2.

Das zweite, was nothwendig ist, ist der innere Vorgang im Körper, den der äußere Reiz anregt. Bei seinem Eintritt in die Oberfläche unseres Körpers bringt der äußere Reiz mancherlei Veränderungen der äußersten Bedeckungsschichten hervor, von denen wir wenig wissen, und welche wir psychologisch auch nicht zu verfolgen brauchen, denn sie alle werden zu Veranlassungen von Empfindungen erst dann, wenn sie auf die Enden der im Körper überall verbreiteten Nervenfasern übergehen und in diesen eine Erregung erzeugen, welche sich durch den ganzen Verlauf des Nervenfadens bis zum Gehirn fortpflanzen muß, wenn eine Empfindung entstehen soll. Jede Verletzung des Nerven, welche diese Fortleitung verhindert, bewirkt daher auch, daß alle Reizungen des peripherischen Nervenendes für das Bewußtsein völlig verloren gehen. Worin nun jene Erregung, der sogenannte Nervenproceß, besteht, wissen wir nicht mit Bestimmtheit; auch ist für die Psychologie bloß die eine Frage von Wichtigkeit, ob dieser Prozeß nur ein physischer Bewegungsvorgang ist, oder ob er bereits Theil an dem Charakter des geistigen Lebens nimmt.

Nun kann in dem Nerven eine Empfindung nicht bloß überhaupt da sein, sondern man müßte genau angeben, wer sie denn eigentlich haben soll. Der Nerv als Ganzes kann dieses Subject nicht sein, weil er ein Aggregat vieler Theile ist und überdies sich gar nicht auf einmal in dem Zustande der Erregung befindet, von dem vielmehr ein Theil nach dem andern ergriffen wird. Man könnte daher bloß behaupten, jedes untheilbare Atom des Nerven sei ein empfindendes Subject und theile seine Empfindung seinem Nachbar mit, bis sie zuletzt an die Seele komme. Da nun aber diese Fortpflanzung der Erregung durch Aenderung des physischen Zusammenhangs des Nerven, z. B. durch Schnitt, gehindert werden kann, so erfolgt sie auch ohne Zweifel nicht durch eine unmittelbare Sympathie, sondern durch eine physische Einwirkung, welche ein Nervenatom a auf das nächste b u. s. w. ausübt. Folglich müßte man sagen, das Atom a wirkt physisch auf b, in Folge dieser erlittenen Einwirkung geräth b in einen Empfindungszustand E und wieder in Folge davon übt b einen neuen physischen Anstoß auf c aus, welches wieder hierdurch zur Empfindung E und in Folge davon zur Ausübung des physischen Anstoßes auf das Atom d veranlaßt wird. Das letzte Nervenatom z würde dann auf eine jetzt noch ganz unklare Weise auf die Seele wirken und nun auch diese zur Erzeugung ihrer Empfindung E anregen. Nun sieht man ein, daß dieser letzte Anstoß, durch welchen unsre Empfindung (die einzige, von der wir wirklich etwas wissen) in uns entsteht, seinen Erfolg ganz ebenso gut gehabt haben wird, wenn die Nervenatome bloß einen physischen Einfluß auf einander ausübten und sich ihre eigenen Empfindungen (die ja bloß leere Vermuthungen und keine nachgewiesenen Thatsachen sind) ganz erspart haben. Da also diese eigenen Empfindungen der Nerven gar nichts zur Erklärung der unsrigen beitragen, außerdem nicht nachweisbar sind, während die Fortpflanzung eines physischen Anstoßes gar nicht geleugnet werden kann, so betrachten wir in Zukunft auch den Nervenproceß als einen bloß physischen Bewegungsvorgang, der von einem Nerventheilchen auf das andre übertragen wird und noch nichts von dem psychischen Charakter hat, welcher der auf ihn folgenden Empfindung zukommt.

§ 3.

Das dritte Glied dieser Kette von Vorgängen ist nun der uns allen wohlbekannte Zustand des Bewußtseins, die Empfindung selbst, das Sehen eines bestimmtfarbigen Lichtes oder das Hören eines Klanges. Von den beiden Elementen, welche wir in Gedanken an diesem Vorgang unterscheiden können, nämlich dem qualitativen Inhalt, den wir empfinden, und der empfindenden Thätigkeit, durch die wir uns seiner bewußt sind, ist weder das eine noch das andre mit der Natur des äußeren Reizes oder des Nervenvorganges vergleichbar. So genau wir auch die Natur der Aetherwellen zergliedern mögen, niemals entdecken wir in ihr einen Grund, warum sie als Glanz gesehen, und nicht lieber als Klang gehört werden müßten; ebenso wenig, warum die eine als roth die andre als blau empfunden werden müßte, und nicht umgekehrt. Ferner, wie wir auch immer physische Bewegungen der Nervenatome mit einander combiniren mögen, niemals kommt ein Punkt, wo es selbstverständlich würde, daß die zuletzt erzeugte Bewegung nicht mehr Bewegung bleiben dürfte, sondern in diesen ganz anders gearteten Vorgang der Empfindung übergehen müßte. Alle Anstrengungen sind daher völlig vergeblich nachzuweisen, wie es zugeht, daß die bloß physische Bewegung nach und nach in Empfindung übergeht. Wir müssen uns vielmehr begnügen zu behaupten, daß eine uns bis jetzt völlig unbekannte Naturnothwendigkeit diese beiden unvergleichbaren und auf einander nicht zurückführbaren Reihen von Vorgängen, die Bewegungen und die Empfindungen, thatsächlich dergestalt mit einander verbunden hat, daß ein bestimmtes Glied der einen Reihe allemal ein bestimmtes Glied der andern zu seiner Folge hat.

§ 4.

Nun aber wird man voraussetzen, daß diese beiden Reihen von Vorgängen nicht ganz principlos zusammengekettet sein werden, daß vielmehr ähnlichen Reizen auch ähnliche, verschiedenen verschiedene Empfindungen entsprechen, und daß dann, wenn es in der Reihe der Reize einen bestimmten Fortschritt, Gegensätze, Periodicitäten oder ausgezeichnete Punkte gibt, dies alles in irgend einer Weise auch in der Reihe der Empfindungen einen Ausdruck finden werde. Erfahrungsmäßig können wir jedoch diese Vermuthung nur wenig bestätigen. Zuerst bestehen die verschiedenen Empfindungsklassen (Farben, Töne, Gerüche) unvermittelt und bloß thatsächlich neben einander und bilden kein geschlossenes System. Daraus z. B., daß wir Aetherwellen als Licht empfinden, folgt nicht im geringsten, daß wir nun consequent Luftwellen als Schall empfinden müßten. Dasselbe gilt von den einzelnen Gliedern der einzelnen Klassen. Wer bloß sauer oder gelb empfunden hätte, würde dadurch nicht auf den Gedanken gebracht, es müsse auch bitter und blau geben. Daß ferner einem bestimmten Fortschritt in der Reihe der Reize auch ein solcher in den Empfindungen entspreche, bemerken wir bloß bei den Tönen, deren Höhe mit der Schwingungszahl der Schallwellen zunimmt. Dabei verdient bemerkt zu werden, daß die Art, in welcher die Empfindung diese Unterschiede der Reize wiedergibt, ihr selbst ganz eigenthümlich ist. Der Höhenunterschied zwischen zwei Tönen hat gar keine Aehnlichkeit mit der Differenz zweier Zahlen, sondern drückt eine ganz eigenthümliche Zunahme qualitativer Intensität aus, die sich vorher gar nicht errathen ließ, und von der wir sonst kein Beispiel haben. Ebenso findet der ausgezeichnete Fall einer Verdoppelung der Wellenzahl einen eigenthümlichen Ausdruck in der Octave, welche gar nicht als eine Verdoppelung von irgend etwas, sondern als eine merkwürdige, sonst beispiellose Verbindung von Identität und Verschiedenheit beider Töne empfunden wird. Dagegen ordnen sich die Farben, obgleich sie in ihrer prismatischen Ordnung einer ebenso zunehmenden Wellenzahl entspringen, für den unmittelbaren Eindruck keineswegs in einer Reihe von zunehmender Höhe. Dies wird davon abhängen, daß wir mit Recht eine Proportionalität nur zwischen den Empfindungen und den Nervenprocessen als ihren nächsten Bedingungen erwarten können. Diese letzteren kennen wir aber nicht und vergleichen deshalb ohne allseitigen Erfolg die Empfindungen mit den äußeren Reizen, von denen sie unmittelbar nicht abhängen. — Endlich, da unsre Empfindungen ein geschlossenes System nicht bilden, so ist der Gedanke möglich, das Reich des Empfindbaren werde durch unsre Sinne nicht erschöpft, sondern es gäbe andre thierische Seelen mit noch ganz andern, aber uns natürlich ganz unbekannten Empfindungsweisen.

§ 5.

Die Dauer der Empfindung kann man im Ganzen und Großen der Dauer des Nervenprocesses gleichsetzen, der sie erregte; denn wir finden, daß sie unter gewöhnlichen Umständen nicht einmal länger ist, als die Dauer des äußeren Reizes, sobald dieser letztere nicht dauernde Nachwirkungen außer oder in uns zurückließ, die selbst wieder Reize für neue Empfindungen sind. Genau genommen kann jedoch eine einmal entstandene Erregung des Nerven nicht von selbst aufhören, sondern muß durch wirksame Gegenkräfte aufgehoben werden. Dies geschieht gewöhnlich und im gesunden Leben durch die unaufhörliche Thätigkeit des ganzen Stoffwechsels, durch welche beständig der normale und indifferente Zustand des Nerven wiederhergestellt wird, der ihn zur unparteiischen Auffassung neuer Eindrücke befähigt. Allein nicht bloß bei sehr starken Reizen, sondern namentlich im Gesichtssinn sehr allgemein kann diese Herstellung nicht schnell genug erfolgen, und es entsprechen dann der noch fortdauernden, ja zuweilen periodisch wieder wachsenden Erregung die bekannten Nachbilder, das heißt: wirkliche Empfindungen, welche, wenn sie lebhaft genug sind, den Sinn für die Auffassung neuer Eindrücke unfähig machen, wie z. B. die Blendungsbilder vom Anblicke der Sonne.

§ 6.

Ganz alltägliche Erfahrungen, z. B. die Beobachtung eines angehenden Lichtes oder eines verklingenden Tones, beweisen, daß wir im allgemeinen für kleine Unterschiede in der Stärke der Sinnesreize sehr empfindlich sind, allein es bleibt bei einem bloßen Mehr oder Minder, und niemals kommt der Augenblick, daß wir nach Maßgabe des unmittelbaren Eindrucks sagen könnten, ein Licht sei halb so hell oder ein Ton doppelt so stark als ein anderer. Dieser Umstand hindert uns das genaue Gesetz, nach welchem die Empfindung von der Stärke des Reizes abhängt, auf dem kürzesten Wege zu finden; wir können zwar leicht eine Reihe von Reizen herstellen, deren verschiedene Intensitäten sich genau messen lassen, aber wir können nicht zu jedem dieser Werthe auf Grund unserer Selbstbeobachtung die Stärke der dazu gehörigen Empfindung in einem Zahlenwerthe angeben, können daher auch nicht aus der Vergleichung dieser Werthpaare das allgemeine Gesetz finden, welches ihnen allen genügt. Daher sind wir zu folgenden Umwegen genöthigt, an den glücklichen Umstand uns haltend, daß wir wenigstens über die Gleichheit zweier Empfindungen mit einem hohen Grade von Genauigkeit und Sicherheit unmittelbar zu urtheilen vermögen.

Nach den grundlegenden Versuchen von Ernst Heinrich Weber (Artikel „Tastsinn und Gemeingefühl" in R. Wagner's Handwörterbuch der Physiologie Bd. III Abth. 2), die dann von Vielen bestätigt und ausgedehnt worden sind, bringen zwei gleichartige äußere Reize (nicht mehr eine und dieselbe, sondern) zwei deutlich unterscheidbare Empfindungen erst dann hervor, wenn die Intensitäten beider in einem bestimmten geometrischen Verhältniß stehen. Dieses Verhältniß bleibt dasselbe für die Empfindungen eines und desselben Sinnes, natürlich innerhalb der Grenzen zu kleiner Reize, die den Nerven nicht erregen, und zu großer, die seine Function stören; dagegen ist es verschieden für verschiedene Sinne, annähernd etwa $3:4$ für das Gehör und die bloßen Druckempfindungen der Haut; $15:16$ für die letzteren, wenn sie unterstützt werden durch das Muskelgefühl bei Hebungen; $100:101$ für die Lichtempfindungen.

§ 7.

Diese unmittelbar aus den Beobachtungen gefolgerte Abhängigkeit unserer Unterscheidungsfähigkeit von dem Größenverhältniß der Reize ist der Inhalt des sogenannten Weber'schen Gesetzes. Dabei bleibt zunächst ganz unentschieden, auf welche Weise eigentlich dieses Größenverhältniß der Reize uns zum Unterscheiden der Eindrücke befähigt, nämlich ob dadurch, daß verschieden starke Reize auch eine bemerkbar verschiedene Stärke der übrigens ganz gleichartig bleibenden Empfindung hervorbringen, oder dadurch, daß verschiedene Stärke desselben Reizes qualitativ verschiedene Empfindungen erzeugt, die dann eben nach ihren Qualitätsunterschieden von uns getrennt werden. An sich ist jede Empfindung ein einziger untheilbarer Act. Daß wir nun in ihr den qualitativen Inhalt und die Stärke, mit der derselbe empfunden wird, in Gedanken als zwei Bestandtheile trennen, ist unzweifelhaft erlaubt, so weit der unmittelbare Eindruck, der allein hierüber entscheiden kann, damit übereinstimmt. Dies ist z. B. der Fall bei Tönen. Hier überzeugen wir uns wirklich), daß ein Ton von bestimmter Höhe und Klangfarbe stärker oder schwächer erklingen kann, ohne deshalb seine Natur zu ändern. Dagegen ist schon sehr fraglich, ob die Empfindung eines stärkeren Druckes wirklich dieselbe Empfindung ist als die eines kleineren, nur schwächer als diese; ob ferner der Geschmack einer concentrirten Säure wirklich derselbe Geschmack ist, wie der der verdünnten. Noch viel mehr aber sträubt sich das unmittelbare Gefühl dagegen Kälte als bloß schwächere Wärme zu betrachten. Beide sind vielmehr polar entgegengesetzt, wenn auch ihre Erzeugungsursachen gleichartige Vorgänge sind. Endlich verschiedene Lichtstärken haben wirklich zugleich verschiedene Färbungen; ein schwächer beleuchtetes Weiß ist nicht bloß dies, sondern es ist grau geworden, und dies Grau, so wie zuletzt das Schwarz kann man unmöglich als eine bloß schwächere Empfindung des Weiß ansehen.

Diese Bedenken sind bisher nicht berücksichtigt und nicht widerlegt worden. Was jetzt weiter anzuführen ist, beruht auf der vielleicht richtigen aber unerwiesenen Annahme, daß Empfindungen deshalb unterscheidbar werden, weil ihre Intensitäten nach einem bestimmten Maße verschieden sind.

§ 8.

Man hat dann zuerst anzuerkennen, daß es für jeden Sinn eine gewisse kleine Größe des Reizes geben muß, unter die er nicht herabsinken darf, wenn überhaupt Empfindung entstehen soll. Natürlich wird man, um diesen nicht selbstverständlichen Umstand zu erklären, irgend einen Widerstand voraussetzen, durch den die zu kleinen Reize von der Einwirkung auf die Seele abgehalten werden. Wo aber dieser Widerstand geleistet wird, weiß man nicht. Man nimmt ferner an, der Uebergang von völliger Gleichheit oder unmerklichem Unterschiede zu einem eben merklichen Unterschiede zweier Eindrücke sei überall ein und derselbe constante Zuwachs der Stärke der Empfindung (nämlich des zweiten Eindrucks, verglichen mit der des ersten), und es könne deshalb die Feinheit der Unterscheidung als Maß für die Stärke der Empfindungen benutzt werden. Dann kann man fragen: wie müssen die Reize wachsen, damit der Uebergang von einem Werth derselben zum andern immer denselben constanten Zuwachs der Empfindungsstärke nach sich ziehe. Nach den erwähnten Versuchen beantwortet man diese Frage dahin: wenn die Empfindungsstärken um eine constante Differenz, also in einer arithmetischen Reihe wachsen sollen, müssen die Reizstärken viel rascher, nämlich in einer geometrischen Reihe, zunehmen; oder auch: das Verhältniß der ersten zu der zweiten ist vergleichbar dem Verhältniß eines Logarithmen zu der Zahl, deren Logarithmus er ist; einfacher ausgedrückt: die Empfindung gehört zu denjenigen Leistungen oder Thätigkeiten, die immer schwerer noch weiter zu steigern sind, in je größerer Stärke sie bereits in Ausübung begriffen sind.

Zu beantworten bleiben nun folgende Fragen:

1. warum dieses eigenthümliche Verhältniß überhaupt stattfindet, und warum nicht vielmehr die Empfindung, was viel natürlicher wäre, ganz einfach proportional dem Reize wächst. Keine der hierüber aufgestellten Theorien ist befriedigend, aber am wahrscheinlichsten doch die Annahme, daß bei der Verwandlung der äußeren Reize in Nervenerregungen irgend etwas vorgeht, was die letzteren viel langsamer zunehmen läßt, als die äußeren Reize wachsen.

2. aber wie kommt es, daß überhaupt nicht alle Eindrücke unterschieden werden, daß z. B. ein Gewicht 3 erst bis auf 4 wachsen muß, um eine neue Druckempfindung zu geben, dagegen keine solche gibt, wenn es erst $3^{1}/_{4}$, $3^{1}/_{2}$, $3^{3}/_{4}$ ist? Man kann sich leicht gewisse Einrichtungen denken, durch die auch diese Discontinuität der Empfindung hervorgebracht werden könnte, aber man weiß nicht im mindesten, wo oder wie im Körper oder in der Seele solche Einrichtungen stattfänden.

Diese beiden Räthsel sind daher völlig ungelöst.

(Vergl. G. Th. Fechner, Elemente der Psychophysik, 2 Bde. Leipzig 1860. G. E. Müller, Zur Grundlegung der Psychophysik, Berlin 1878.)

§ 9.

Man kann vielleicht behaupten, ein ruhender Zustand oder eine ganz gleichförmig unterhaltene Erregung sei überhaupt nicht die nächste Bedingung einer Empfindung, sondern immer bloß der Uebergang aus einem Zustand in den andern. Daraus würde folgen, daß Empfindungen, die wir längere Zeit dauernd haben können, z. B. das Sehen eines Lichtes oder das Hören eines Tones, auf Reihen von einzelnen Impulsen mit dazwischen liegenden Pausen beruhen müßten, so daß auch hier eine häufige Wiederholung der Abwechselung zwischen Erregung und Nichterregung stattfinden würde. Für Licht- und Schallempfindungen läßt sich dies bestätigen. Hier beruht sogar jeder einzelne Lichtblitz und jeder ganz kurze Ton auf einer bedeutenden Anzahl solcher discreten Impulse, die dem Sinnesorgan zugeführt werden. Für die übrigen Sinne mangeln uns die Kenntnisse. Wenn man dies nun dahin ausdrückt, daß alle Erregungsvorgänge, die zu Empfindungen führen sollen, diese Form der Oscillation zwischen zwei entgegengesetzten Zuständen haben müßten, so muß man wenigstens nicht hinzufügen, die Empfindung bestehe in dem Nachzählen dieser einzelnen Impulse. Man kann in diesen immer bloß die thatsächliche Bedingung sehen, an welche die Entstehung der Empfindung auf unbegreifliche Weise geknüpft ist, denn in dem Empfindungsinhalte selbst, in dem Roth oder Warm nehmen wir nichts von Bewegungen überhaupt, noch weniger von der Anzahl ihrer Abwechselungen wahr, durch welche sie zu Ursachen der Empfindung wurden.

§ 10.

Wenn dieselbe Erregung a, die gewöhnlich in einem Nerven durch einen äußern Reiz bewirkt wird, und auf welche die Empfindung α folgt, ausnahmsweise durch einen im Innern des Körpers entstandenen Reiz hervorgebracht wird, so folgt auch dann dieselbe

Empfindung a; man nennt sie dann subjective Empfindung. Gewöhnliche Beispiele sind das Klingen im Ohr, Lichtblitze vor den Augen, Fieber-Frost und -Hitze. Im Zusammenhange hiermit hat man den Lehrsatz von der specifischen Energie der Nerven aufgestellt, wonach jeder einzelne Sinnesnerv, wodurch er auch immer gereizt werden mag, immer dieselbe Empfindung erzeuge. Wenn es so wäre, so wäre es nicht sehr wunderbar; denn jedes zusammengehörige System von Theilen, welches gestört, aber nicht zerstört wird, geräth in Bestrebungen zur Wiederherstellung seines Gleichgewichts, deren Form nur von seiner eigenen Structur und dem Zusammenhang der in ihm wirksamen Kräfte abhängt, und nicht sich nach der Verschiedenheit der störenden Reize ändert; nur müßte dann, damit diese Bestrebungen im einen Nerven sich von denen in jedem andern unterschieden, jeder Nerv seine besondere Structur haben, wovon wir bis jetzt nichts wissen. Aber die Thatsachen existiren nicht, die man so erklären will. Wir wissen bloß, daß Lichtreiz, Stoß und Druck, der Durchgang electrischer Ströme durch das Auge Lichtempfindung erweckt; und vielleicht, daß auch Stoß und Electricität Schallempfindung, die letztere auch Geschmacksempfindung erzeugt. Nun kann schwerlich in dem gespannten Augapfel eine Bewegung der ponderabelen Theile durch Stoß geschehen, ohne daß ein Theil derselben sich auch in Bewegungen des im Auge befindlichen Aethers umsetzt, und so eine Lichtbewegung erzeugt, die nun als abäquater Reiz auf den Sehnerven ebenso wirkt, als wenn sie von außen käme. Ebenso können sich die mitgetheilten Stöße in Schwingungen gespannter Theile und Membranen verwandeln, die dann normale Reize für den Gehörnerven sind, gerade so gut, wie von außen kommende Schallwellen. Endlich erregt der electrische Strom ganz gewiß chemische Zersetzungen der Mundflüssigkeit, und gerade in diesen besteht der abäquate Reiz für den Geschmacksnerven. Folglich bleibt es möglich zu behaupten: damit der Nerv in den Zustand a gerathe, welchem dann die Empfindung a folgt, ist immer ein bestimmter abäquater Reiz nöthig; aber sehr viele unabäquate

Reize theilen sich bei ihrer Einwirkung in verschiedene Componenten; eine von diesen ist dann der adäquate Reiz, der die Empfindung α bedingt, die anderen werden durch andere Empfindungen, z. B. den gleichzeitigen Schmerz beim Stoße wahrgenommen.

§ 11.

Die Einwirkung der äußeren Reize geschieht nicht so einfach, wie man sich früher dachte, sodaß z. B. die Lichtwellen unmittelbar als solche auf den Sehnerven wirkten und je nach ihrer Beschaffenheit alle möglichen Farben- und Lichtempfindungen erweckten. Man findet vielmehr im Auge eigenthümlich gebaute, noch vielfach räthselhafte Schichten (Stäbchen- und Zapfenschichten), welche bestimmt scheinen die an sie kommende Lichtbewegung in eine chemische Veränderung einer besondern Substanz (Sehpurpur) umzuwandeln, welche nun erst als Reiz auf den Sehnerven wirkt. Ebenso finden wir in der Haut und der Zunge eigenthümlich gebaute Tastkörperchen und Geschmackskörper, die auf noch unbekannte Weise dem Reize erst die Gestalt geben, in der er auf die in ihnen enthaltenen Nerven wirken soll. Im Gehörorgane kennen wir etwas ähnliches nicht, dafür aber scheint die andre Einrichtung getroffen, daß jede einzelne Nervenfaser nur für einen einzigen Ton empfänglich ist; die ganze Ausbreitung der Fasern also (auf dem Corti'schen Organe) wäre einer Claviatur vergleichbar, und jede Faser nur für eine bestimmte Frequenz der Wellenbewegung zugänglich.

Eine ähnliche Hypothese ist in Bezug auf das Auge aufgestellt worden. Es soll drei verschiedene Gattungen von Fasern geben, deren jede für sich allein gereizt, eine der drei Grundfarben Grün Roth und Violett empfinden lasse. Aus gleichzeitiger Erregung von Fasern verschiedener Gattungen entständen dann die andern Farben. Diese Hypothese ist nicht müßig erfunden, sondern mit Rücksicht auf die Thatsachen der Farbenblindheit, die man erklären wollte. Man muß aber nicht verlangen auch noch einen Grund einzusehen, warum eine bestimmte Mischung gleichzeitiger Erregungen aus Roth, Grün, Violett die andern Farben, wie Blau und Gelb entstehen lasse, welche nach dem bloßen unmittelbaren Empfindungseindruck nicht im geringsten daraus ableitbar scheinen.

§ 12.

In einem anderen Sinne sind alle unsere Empfindungen nur subjectiv, d. h. nur Erscheinungen in unserem Bewußtsein, denen in der Außenwelt nichts entspricht. Schon das Alterthum behauptete dies, die neuere Physik malt es weiter aus: die Welt außer uns sei weder still noch laut, weder hell noch dunkel, sondern sei mit alledem so unvergleichbar, wie etwa Süßigkeit mit einer Linie. Nichts geschehe außer uns, als Bewegungen von verschiedenen Formen. Die Physiologie endlich drückt sich oft unpassend so aus: die Empfindungen seien bloß Wahrnehmungen unserer eigenen Zustände. Allein was in den Nerven geschieht, während wir sehen, nehmen wir gar nicht wahr, und ein Zustand, der in unserer Seele der Empfindung so voran ginge, daß diese als seine Wahrnehmung bezeichnet werden könnte, ist uns auch nicht bekannt. Man kann daher nur sagen: Empfindungen sind Erscheinungen in uns, welche zwar die Folge von äußeren Reizen, aber nicht die Abbilder derselben sind.

Schließlich die Beweise, durch welche man diesen Satz festzustellen sucht, lassen sämmtlich noch Ausflüchte zu. Man könnte immer noch annehmen, die Dinge seien wirklich roth oder süß, wir aber könnten freilich das nur wissen, wenn sie auf uns Bewegungen einwirken lassen, die dann allerdings weder roth noch süß sind, zuletzt aber doch in unserer Seele dieselbe Röthe und Süße als Empfindung entstehen lassen, die als Eigenschaften an den Dingen haften. Der einzige Beweis liegt zuletzt darin, daß solche objective Eigenschaften an sich undenkbar sind; worin das Glänzen eines Lichtes, das durchaus Niemand sähe, oder das Klingen eines Tones bestände, den

Niemand hörte, ist ebenso unmöglich zu sagen, als was ein Zahnschmerz wäre, den Niemand hätte.

Es liegt also in der Natur von Farben, Tönen, Gerüchen u. s. w., daß sie überhaupt bloß einen Ort und eine Art haben, wo und wie sie existiren können, nämlich das Bewußtsein einer Seele und zwar in dem Augenblicke, wo sie von dieser empfunden werden.

Zweites Kapitel.
Ueber den Verlauf der Vorstellungen.

§ 1.

Vorstellungen, im Gegensatze zu Empfindungen, nennen wir zunächst die Erinnerungsbilder, die wir von früheren Empfindungen im Bewußtsein antreffen. Dies ist in Uebereinstimmung mit dem Sprachgebrauch: wir stellen das Abwesende vor, das wir nicht empfinden, empfinden aber das Anwesende, das wir eben deswegen nicht vorzustellen brauchen. Die Vorstellungen unterscheiden sich eigenthümlich von den Empfindungen. Die Vorstellung des hellsten Glanzes leuchtet nicht, die des stärksten Schalles klingt nicht, die der größten Qual thut nicht weh; bei alledem aber stellt die Vorstellung ganz genau den Glanz, den Klang oder den Schmerz vor, den sie nicht wirklich reproducirt.

§ 2.

Auch in dieser Gestalt sind die Erinnerungsbilder früherer Eindrücke nicht immer im Bewußtsein vorhanden, sondern treten nur zeitweilig in demselben wieder auf, dann aber so, daß kein äußerer Reiz nöthig war, um sie von neuem zu erzeugen. Hieraus schließen wir, daß sie in der Zwischenzeit für uns nicht ganz verloren gewesen sind, sondern sich in irgend welche unbewußte Zustände verwandelt haben, die wir natürlich gar nicht beschreiben können, und für die wir den an sich widersprechenden, aber bequemen Namen „unbewußte Vorstellungen" brauchen, um anzudeuten, daß sie aus Vorstellungen entstanden sind und unter Bedingungen wieder zu solchen werden können. Eine Lehre vom Verlauf der Vorstellungen würde diese beiden Ereignisse zu erklären haben.

§ 3.

Das Verschwinden der Vorstellungen aus dem Bewußtsein kann Niemand beobachten; wir können darüber bloß sprechen auf Grund von Rückschlüssen aus dem, was wir später im Bewußtsein finden, oder auf Grund ganz allgemeiner Principien. Zwei Ansichten standen sich hier gegenüber. Man hielt früher das Verschwinden der Vorstellungen für natürlich und glaubte das Gegentheil, das Gedächtniß, erklären zu müssen. Man folgt jetzt der Analogie des physischen Gesetzes der Beharrung und glaubt das Vergessen erklären zu müssen, weil an sich die ewige Fortdauer eines einmal erregten Zustandes sich von selbst verstehe. Diese Analogie ist nicht ohne Bedenken. Sie gilt von der Bewegung der Körper. Allein Bewegung ist nur eine Aenderung äußerer Relationen, von welcher der bewegte Körper nichts leidet; denn er befindet sich an einem Orte genau so, wie am andern, und hat daher weder einen Grund noch einen Maßstab für einen der Bewegung zu leistenden Widerstand. Die Seele dagegen befindet sich selbst in verschiedenen innern Zuständen, je nachdem sie a vorstellt oder b oder auch gar nichts. Denkbar wäre daher, daß sie gegen jeden ihr aufgedrängten Eindruck zurückwirkte, wodurch sie zwar niemals diesen ganz annulliren, aber doch vielleicht aus bewußter Empfindung in einen unbewußten Zustand verwandeln könnte. Auch der andre an sich gewiß anzuerkennende Grundsatz, die Einheit der Seele sei es, welche die vielen Vorstellungen zur Wechselwirkung nöthige, so daß die einen die andern verdrängen, führt uns nicht zum Ziele. Denn, wenn man fragt, auf welche Weise denn diese Einheit der Seele sich an der Vielheit der Vor-

stellungen zur Geltung bringen werde, so wäre die wahrscheinlichste
Vermuthung die, daß sie alle qualitativ verschiedenen Empfindungen
oder Vorstellungen in einen einzigen homogenen Mittelzustand ver-
schmölze. Das geschieht aber nicht, sondern die Vorstellungen z. B.
Blau und Gelb oder Groß und Klein, die einmal im Bewußtsein
als verschiedene entstanden sind, vermischen sich dann niemals; auch
ist klar, daß alle höhere geistige Bildung, die hauptsächlich in Beziehungen zwischen verschiedenen Beziehungspunkten besteht, unmöglich
sein würde, wenn durch dieses Zusammenfallen in einem einzigen
Mischzustand die Verschiedenheit der zu beziehenden Punkte ver-
schwunden wäre. Es bleibt daher nur übrig die folgenden Gedanken
als bloße Hypothesen zu betrachten, die aus Principien nicht ableitbar sind.

§ 4.

Nach Analogie der physischen Mechanik betrachtet man die Vorstellungen als Kräfte, welche auf einander nach Maßgabe ihres Gegensatzes und ihrer Stärke wirken. Beide Theile dieser Hypothese sind
erfahrungsmäßig schwerlich zu bestätigen. Was zuerst die Stärke betrifft, so ist dieser Begriff auf Empfindungen allerdings anwendbar
und zwar so, daß allemal der größere empfundene Inhalt eine größere Leistung der empfindenden Thätigkeit oder eine größere Erschütterung und Affection des empfindenden Subjects ist. Aber die bloße
Vorstellung eines hellen Glanzes ist keine größere Leistung der vorstellenden Thätigkeit als die eines matten Schimmers und die des
Donners erfordert keine größere Anstrengung derselben als die eines
kleinen Geräusches. Die vorstellende Thätigkeit also scheint überhaupt keine Unterschiede der Stärke zuzulassen, sondern diese fallen
ganz allein in den vorgestellten Inhalt. Auch die mehr oder minder
dunkeln Vorstellungen, die wir von einem und demselben Inhalte
zu haben glauben, bezeugen keine verschiedene Intensität des Vorstellens. Einfache Vorstellungen, die wir dunkel zu haben glauben,
z. B. die des Geschmackes einer seltenen Frucht, haben wir gar nicht,

sondern wissen bloß aus anderer Quelle, daß die Frucht einen Geschmack hat. Je größer nun der Spielraum ist, in welchem wir zwischen verschiedenen Geschmäcken wählen können, ohne jedoch eine Entscheidung zu wissen, um so dunkler erscheint uns die Vorstellung des wirklichen Geschmacks, die wir bloß suchen, aber nicht haben. Zusammengesetzte Vorstellungen, Bilder äußerer Gegenstände oder wissenschaftliche Lehrsätze, werden nicht dadurch dunkel, daß ihr ganzer Inhalt nach und nach bloß schwächer beleuchtet würde, sondern sie werden lückenhaft. Einzelne Bestandtheile fehlen ganz, besonders aber sind die bestimmten Verbindungen vergessen, in welchen die noch übrig gebliebenen Bestandtheile oder Beziehungspunkte stehen. Je größer wieder die Menge möglicher Verknüpfungen ist, zwischen denen man ungewiß schwankt, desto größer ist die sogenannte Dunkelheit dieser Vorstellungen. Umgekehrt, sobald eine Vorstellung vollständig mit allem Inhalt und allen Verbindungen seiner Theile gedacht ist, ist es nicht möglich sie dann noch mehr oder weniger stark vorzustellen. Nur scheinbar nimmt sie, z. B. die des Dreiecks, dann noch an Klarheit zu, wenn eine Menge anderer Gedanken sich bei dem Kundigen an sie knüpfen, die dem Anfänger noch unbekannt sind.

§ 5.

Der zweite hier verwendete Begriff, der des Gegensatzes, erweckt auch die Frage, ob er auf den Inhalt der Vorstellungen bezogen werden soll, oder auf die Thätigkeiten, durch welche sie vorgestellt werden. Beides fällt nicht zusammen. Vorstellungen sind überhaupt selbst niemals das, was sie bedeuten; die des Rothen ist keine rothe, die des Dreieckigen keine dreieckige, die des Jähzornigen keine jähzornige Vorstellung. Sind daher zwei vorgestellte Inhalte einander entgegengesetzt, so wie rechts und links, plus und minus, schwarz und weiß, so folgt daraus nicht im mindesten, daß auch die vorstellenden Thätigkeiten, durch die sie vorgestellt werden, einander ebenso entgegengesetzt sind, und deswegen selbstverständlich nach Analogie entgegengesetzter physischer Bewegungen oder Kräfte einander hemmen müßten.

§ 6.

Als Grundlage einer psychischen Mechanik könnten nun aber die Begriffe von Stärke und Gegensatz nur dann selbstverständlich dienen, wenn sie sich auf die vorstellenden Thätigkeiten bezögen. Das ist nicht der Fall. Man würde es daher als eine bloße Thatsache anerkennen müssen, wenn die Stärke und der Gegensatz des vorgestellten Inhalts die entscheidenden Bedingungen für die Wechselwirkung der Vorstellungen wären. Die Erfahrung bestätigt dies nicht, die Vorstellung größeren Inhalts verdrängt keineswegs immer die von kleinerem. Im Gegentheil ist die letztere selbst im Stande zuweilen die Empfindung äußerer Reize zu unterdrücken. Nun kommen aber Vorstellungen niemals in einer Seele vor, die außerdem nichts anderes thäte, sondern an jeden Eindruck knüpft sich außerdem, was in dessen Folge vorgestellt wird, auch noch ein Gefühl des Werthes, den derselbe für das körperliche und geistige Wohlbefinden des Percipirenden hat. Diese Gefühle von Lust und Unlust sind einer Gradabstufung offenbar ebenso fähig, wie das bloße Vorstellen unfähig dazu ist. Nach der Größe nun dieses Gefühlsantheils, welche übrigens außerordentlich wechselnd ist je nach der Verschiedenheit des Gesammtzustandes, in dem die Seele sich eben befindet, oder kurz gesagt nach dem Grade des Interesses, welches eine Vorstellung aus vielerlei Gründen in jedem Augenblicke zu erwecken vermag, richtet sich ihre größere oder geringere Macht zur Verdrängung anderer Vorstellungen, und nur hierin, aber nicht in einer ursprünglichen Eigenschaft, welche sie als bloße Vorstellung hätte, besteht das, was wir ihre Stärke nennen können.

§ 7.

Die zweite Frage war diese: wie kehren die Vorstellungen ins Bewußtsein zurück?

Bekannt ist uns darüber bloß dies, daß eine Vorstellung b sehr oft dann wiederkehrt, wenn eine andere a im Bewußtsein erzeugt worden ist. Da nun aber nicht jedes b in Folge jedes beliebigen a wiederkehrt, so muß es zwischen denjenigen, die einander so hervorrufen, eine engere Verbindung geben, als zwischen denen, die es nicht thun. Diese Verbindung nennt man Association, ein bloßer Name, der nicht im geringsten aussagt, wodurch diese Verbindung hergestellt wird. Ebenso ist Reproduction ein bloßer Name für die Thatsache, daß ein bestimmtes a ein mit ihm associirtes b wieder ins Bewußtsein zurückführt. Aber die Bedingungen kann man doch studiren, unter denen beides, Association und Reproduction, thatsächlich stattfindet. Die beiden gewöhnlich zuerst angeführten Klassen, wonach einestheils ähnliche, anderentheils entgegengesetzte Vorstellungen einander hervorrufen, findet man schwerlich durch Erfahrung bestätigt. Denn man kann wohl nicht sagen, daß ein Ton oder eine Farbe alle andern Töne und Farben lebhafter in die Erinnerung zurückrufe, als irgendwelche andere Vorstellungen. Wenn andererseits Entgegengesetztes an einander denken läßt, wie Dunkelheit an Licht, Nacht an Tag, plus an minus, so liegt der Grund nicht in diesem Gegensatze allein, sondern an dem besonderen Werthe, den derselbe für unser Leben oder einzelne Beschäftigungen hat, so daß wir um deswillen durch das eine an das andere erinnert werden. Ganz gewiß finden dagegen der dritte und der vierte Fall statt, wonach einerseits jeder Theil eines räumlichen Ganzen die übrigen Theile und das Ganze reproducirt, andrerseits die Theile eines successiven Ganzen, z. B. einer Melodie, einander nach ihrer ursprünglichen Ordnung hervorrufen. Beispiele sind unnöthig. Auch scheint es nicht nöthig den dritten Fall, wie man häufig thut, auf den vierten zurückzuführen, weil, wie man sagt, auch die Wahrnehmung eines simultanen Ganzen doch auf successivem Wege geschehe, indem der Blick die Gestalten umlaufe und sich nach und nach der Verbindung jedes Punktes mit dem nächsten bewußt werde. Genaue Bilder erhalten wir allerdings bloß auf diese Weise, doch ist nicht zu läugnen, daß auch eine momentane Auffassung Bilder zurücklassen kann, deren einzelne Theile einander reproduciren.

Man kann daher alles Thatsächliche so zusammenfassen: Jede zwei Vorstellungen, gleichviel, welches ihr Inhalt sein mag, associiren sich, wenn sie entweder gleichzeitig oder unmittelbar, d. h. ohne ein Zwischenglied, auf einander folgend erzeugt werden. Und hierauf würde auch ohne weitere Künste die besondere Leichtigkeit zu gründen sein, mit der wir eine Anzahl Vorstellungen ihrer Reihe nach, aber nicht außer der Reihe wiederholen. — Wenn man endlich als besonderen Fall die **unmittelbare** Reproduction bezeichnet, bei welcher a durch die Einwirkung eines neuen Reizes, der dasselbe a hervorbringt, wieder erweckt wird, so ist zu bedenken, daß das zweite a von dem ersten gar nicht als eine Wiederholung desselben unterschieden werden könnte, wenn beide ganz gleich wären. Allein das erste, welches durch das zweite wiedererweckt wird, reproducirt nun seinerseits die Vorstellung der Nebenumstände, unter denen es früher wahrgenommen wurde, und diese sind verschieden von den Umständen des jetzigen Augenblickes. Daher hängt das Wiedererkennen desselben a doch wieder von der **mittelbaren** Reproduction, nämlich anderer Vorstellungen durch a ab.

§ 8.

Die meisten Vorstellungen haben sich im Laufe des Lebens jede mit sehr vielen andern auf dieselbe Weise associirt. Wenn daher eine bestimmte f wieder in das Bewußtsein getreten ist, so bleibt noch ganz unentschieden, welche von den vielen andern g, h, i, k sie gerade jetzt reproduciren wird, mit denen sie früher verbunden war. Die Entscheidungsgründe hierfür werden im allgemeinen liegen theils in dem Laufe, den die Vorstellungen **vor** f genommen haben, und in dessen Zusammenhang g, h, i, k nicht alle gleich gut hineinpassen, theils in unserem Gemeingefühl oder der Stimmung, die wir in jedem Augenblick von der Lebendigkeit oder der Hemmung unserer ganzen Existenz haben, theils endlich von besonderen hier noch ganz auszuschließenden Bedingungen unseres körperlichen Lebens, von denen wir später sprechen werden.

Diese Gesichtspunkte lassen sich nur im allgemeinen anführen, dagegen ist es unmöglich eine Theorie daraus zu bilden, die in's einzelne ginge, und ebenso unmöglich in einem einzelnen Falle die Gründe wirklich nachzuweisen, die zu dem oft so launenhaft erscheinenden Verlaufe unserer Gedanken wirklich geführt haben.

Drittes Kapitel.
Von dem beziehenden Wissen und der Aufmerksamkeit.

§ 1.

Bisher ist von den Verhältnissen und dem Wechsel der Vorstellungen gesprochen worden. In unserem inneren Leben gibt es aber außerdem ein Vorstellen dieser Verhältnisse und dieses Wechsels. Beides sind sehr verschiedene Dinge. Wir wissen, wenn in uns die Vorstellung des Blau und zugleich die des Roth entsteht, so vermischen sich beide keineswegs zu Violett. Wäre dies aber geschehen, so würde dadurch nur eine dritte einfache Vorstellung an die Stelle der beiden andern getreten sein, und eine Vergleichung dieser beiden würde durch ihr Verschwinden unmöglich gemacht sein. Jede Vergleichung, überhaupt jede Beziehung zwischen zwei Elementen, hier Roth und Blau, setzt voraus, daß beide Beziehungspunkte getrennt bleiben, und daß eine vorstellende Thätigkeit von dem einen a zu dem andern b hinübergeht und sich zugleich derjenigen Abänderung bewußt wird, welche sie bei diesem Uebergange von dem Vorstellen des a zu dem des b erfahren hat. Eine solche Thätigkeit üben wir aus, wenn wir Roth und Blau vergleichen, und es entsteht uns dabei die neue Vorstellung einer qualitativen Aehnlichkeit, die wir beiden zuschreiben.

Wenn zugleich ein starkes und ein schwaches Licht wahrgenommen werden, so wird daraus nicht die Empfindung eines einzigen Lichtes, welches die Summe von beiden wäre; beide bleiben vielmehr getrennt, und wieder vom einen zum andern übergehend, werden wir uns einer andern Aenderung unseres Zustandes bewußt, nämlich des bloß quantitativen Mehr oder Minder eines und desselben Eindrucks.

Endlich, wenn zwei ganz gleiche Eindrücke in uns gesondert haben entstehen können, so verschmelzen sie nun nicht mehr in einen dritten; aber indem wir sie auf die vorige Weise vergleichen und uns beim Uebergange von einem zum andern gar keiner Veränderung unseres Vorstellens bewußt werden, entsteht uns die neue Vorstellung der Gleichheit.

§ 2.

Es ist wichtig sich klar zu machen, daß alle diese neuen Vorstellungen, die wir als solche einer höheren Ordnung bezeichnen können, keineswegs als Resultanten aus einer bloßen Wechselwirkung der ursprünglichen einfachen Vorstellungen in derselben Weise entspringen, wie man in der Mechanik eine dritte Bewegung aus dem Zusammentreffen zweier anderen construirt. Diese Analogie gilt auf geistigem Gebiete gar nicht; immer sind vielmehr die beiden Eindrücke a und b bloß als Reize anzusehen, die auf die ganze eigenthümliche und einheitliche Natur eines vorstellenden Subjectes einwirken und in diesem als Reaction die Thätigkeit rege machen, durch welche die neuen Vorstellungen z. B. der Aehnlichkeit, der Gleichheit, des Gegensatzes u. s. w. entstehen, welche ohne Anregung dieser neuen geistigen Thätigkeit aus dem bloßen Zusammenwirken der einzelnen Eindrücke nicht entstehen würden.

§ 3.

Auf dieselbe Weise, wie diese neuen Vorstellungen, entsteht überhaupt alles, was wir als Allgemeinbegriff bezeichnen. Man pflegt zu behaupten, die ungleichartigen Bestandtheile verglichener Vorstellungen höben einander durch ihren Gegensatz auf, das zurückbleibende Gleichartige stelle dann ohne weiteres das Allgemeine dar. Allein die einzelnen Beispiele, aus denen wir einen Allgemeinbegriff bilden, gehen ja dabei gar nicht zu Grunde, sondern ihre Vorstellungen erhalten sich fort neben dem Allgemeinen, welches als ein neues Erzeugniß bloß zu ihnen hinzutritt; auch bildet der Allgemeinbegriff niemals etwas, was sich als ein festes Bild in derselben Weise anschaulich vorstellen ließe, wie die einzelnen Beispiele, aus denen es entstand. So ist die „Farbe im allgemeinen" nicht vorstellbar, sie sieht weder grün noch roth, sondern sie sieht gar nicht aus, und ebenso gibt es von dem „Thiere überhaupt" gar kein feststehendes Bild von ähnlicher Anschaulichkeit, wie das Bild jeder einzelnen Thierspecies. Alle solche allgemeine Begriffe sind daher nicht Producte eines Zusammenwirkens vieler Einzelvorstellungen, denn sie würden dann denselben Charakter haben, wie diese ihre Componenten. Die Namen, mit denen wir sie bezeichnen, z. B. Farbe, sind eigentlich bloß Aufforderungen an uns eine Reihe verschiedener Einzeleindrücke vorzustellen, jedoch mit dem Nebengedanken, daß es nicht auf sie, sondern auf das Gemeinsame ankomme, das in ihnen enthalten ist, das sich aber nicht von ihnen als eine gleichartige Vorstellung trennen läßt.

§ 4.

Es hängen hiermit die verschiedenen engeren und weiteren Bedeutungen des Namens Bewußtsein zusammen. Es geschieht oft, daß wir eine Mehrheit von Elementen wahrnehmen, aber die bestimmten Verhältnisse zwischen ihnen im Augenblick doch nicht anzugeben wissen. Dagegen ist es möglich sich derselben späterhin noch bewußt zu werden, nachdem jene sinnlichen Eindrücke schon vorbei sind. Daraus folgt, daß diese Eindrücke selbst keineswegs unbewußte waren, sonst würde man sich später ihrer nicht erinnern. Dagegen die beziehende Thätigkeit ist nicht ausgeübt worden, welche sie nachzählt und die thatsächlich zwischen ihnen bestehenden Verhältnisse auch vorstellt. Man sieht daraus, daß beide Leistungen von einander ablösbar sind. Die beziehende Thätigkeit kann als eine höhere niemals ohne die einfache bewußte Empfindung entstehen, auf die sie sich bezieht, die letztere aber, als die niedere, braucht nicht von jener begleitet zu sein. Gewöhnliche Erfahrungen zeigen, daß es sehr viele Umstände gibt, welche das Auftreten dieser höheren Thätigkeit verhindern. Bei mancherlei Gemüthsbewegungen hören wir die Töne, aber verstehen die Worte nicht, oder verstehen die Worte, aber nicht ihren Sinn, oder endlich auch diesen noch, aber gar nicht die Bedeutung, die er für unsere Interessen hat. Selbst körperliche, noch sehr unbekannte Bedingungen bewirken, daß es bei der bloßen Empfindung von Eindrücken bleibt, und weder ihre äußere anschauliche, noch ihre innere Verknüpfung uns zum Bewußtsein kommt (Seelenblindheit).

§ 5.

Was wir hier geschildert haben, ist im Grunde nichts anderes, als die Reihe verschiedener Grade der Aufmerksamkeit. Man betrachtete diese früher als eine von dem Geiste ausgeübte Thätigkeit, welche wie ein hin- und herwandelndes Licht die an sich unbewußten Eindrücke zu größerer Helligkeit beleuchte. Man hat später (Herbart) diesen Gedanken einer Thätigkeit ganz aufgegeben und gemeint, der Satz: wir seien auf etwas aufmerksam, bedeute nur, die Vorstellung dieses Etwas steige durch ihre eigene Stärke in unserem Bewußtsein empor.

Dieser letzteren Annahme können wir nicht beitreten, ebensowenig aber die Aufmerksamkeit als bloß stärkere Beleuchtung eines Inhalts auffassen. Wir gewinnen durch Aufmerksamkeit bloß dann etwas, wenn der vorgestellte Inhalt unserem beziehenden und vergleichenden Wissen Gelegenheit zur Arbeit gibt. Selbst ein ganz einfacher Inhalt wird von uns wenigstens mit anderen einfachen oder mit sich selbst in verschiedenen Augenblicken seiner Dauer verglichen. Sehen wir hiervon ab, so würde das bloße Anstarren des Inhalts, mit welcher Intensität es auch immer geschehen möchte, uns durchaus nichts helfen. — Man begreift endlich, daß diese Beziehung eines Inhalts auf anderes beliebig weiter fortgesetzt werden kann. Man kann daher allerdings noch verschiedene Stufen des Bewußtseins über einen Inhalt unterscheiden, je nachdem man bloß ihn selbst und seine eigene Natur oder seine Zusammenhänge mit andern oder endlich seinen Werth und seine Bedeutung für das Ganze unseres persönlichen Lebens mit vorstellt.

Viertes Kapitel.
Von den räumlichen Anschauungen.

§ 1.

In der Metaphysik erhebt man Zweifel daran, ob ein Raum sich wirklich ausdehnt, und wir nebst den Dingen in ihm enthalten sind, ob nicht vielmehr umgekehrt die ganze räumliche Welt nur eine Anschauung in uns ist. Dies lassen wir jetzt bei Seite und gehen einstweilen von der uns Allen geläufigen vorher erwähnten Annahme aus. Da nun aber die Dinge im Raum niemals durch ihr bloßes Dasein Gegenstand unserer Wahrnehmung sein können, sondern immer nur durch die Wirkungen, welche sie auf uns ausüben, so entsteht die Frage: Wie bringen es die Dinge durch ihre Einwirkung auf uns dahin, daß wir sie in derselben gegenseitigen räumlichen Lagerung vorstellen müssen, in welcher sie sich außer uns wirklich befinden?

§ 2.

Im Auge hat die Natur sorgsame Anstalt getroffen, daß die Lichtstrahlen, die von einem leuchtenden Punkte kommen, sich auf der Netzhaut wieder in einem Punkte sammeln, und daß die verschiedenen Bildpunkte, welche hier entstehen, dieselbe gegenseitige

Lage zu einander einnehmen, wie die Objectpunkte außer uns, denen sie entsprechen. Ohne Zweifel ist dieses so sorgfältig vorbereitete sogenannte „Bild des Gegenstandes" eine unentbehrliche Bedingung dafür, daß wir den Gegenstand in seiner wahren Gestalt und Lage vorstellen können. Allein es ist der Grund aller Irrthümer in dieser Sache, zu glauben, daß das bloße Dasein dieses Bildes ohne weiteres schon unsere Vorstellung von der Lage seiner Theile erkläre. Im Grunde ist dieses ganze Bild nichts weiter, als ein in das Innere des Sinnesorganes verlegter Repräsentant des äußern Objectes, und wie wir nun von ihm etwas wissen und erfahren, ist geradeso noch die Frage, wie vorhin die Frage war, wie wir das äußere Object wahrnehmen können.

§ 3.

Wollte man sich die Seele selbst als ein ausgedehntes Wesen denken, so würden allerdings die Eindrücke auf der Netzhaut sich mit ihrer ganzen geometrischen Regelmäßigkeit auch auf die Seele fortpflanzen. Ein Seelenpunkt würde grün, der andre roth erregt werden, ein dritter gelb, und diese drei würden gerade so an den Ecken eines Dreiecks liegen, wie die drei entsprechenden Erregungen auf der Netzhaut. Allein man sieht auch, daß damit gar nichts gewonnen wird. Die bloße Thatsache, daß drei verschiedene Seelenpunkte gereizt sind, ist zunächst eine zusammenhangslose Dreiheit von Thatsachen. Ein Wissen darum aber, also ein Wissen von dieser Dreiheit und den gegenseitigen Lagen der drei Punkte ist hierdurch noch gar nicht gegeben, sondern könnte bloß durch eine einheitliche beziehende Thätigkeit hervorgebracht werden, welche dann selber, wie jede Thätigkeit, allen Prädicaten der Ausdehnung und der räumlichen Größen vollkommen fremd wäre.

§ 4.

Derselbe Gedanke wird anschaulicher, wenn wir diese nun unnütz befundene Ausdehnung der Seele aufgeben und sie als ein übersinnliches Wesen betrachten, welches dann, wenn man es überhaupt in Verbindung mit Raumbestimmungen bringen will, nur noch als ein untheilbarer Punkt vorgestellt werden könnte. Bei dem Uebergang in diesen untheilbaren Punkt müssen die mannigfachen Eindrücke offenbar alle die geometrischen Relationen verlieren, welche sie auf der ausgedehnten Netzhaut noch haben konnten, ganz ebenso wie die Lichtstrahlen, die in dem einzigen Brennpunkt einer Linse convergiren, in diesem Punkte nicht mehr neben einander, sondern nur alle mit einander sind. Jenseit des Brennpunktes divergiren die Strahlen in derselben Ordnung, in welcher sie ankamen. Etwas dem Aehnliches aber geschieht dann in unserem Bewußtsein nicht; nämlich die vielen Eindrücke, die vorher neben einander waren, treten nicht wieder wirklich aus einander, sondern statt dessen ereignet sich bloß diese Thätigkeit des Vorstellens, welches ihre Bilder an verschiedene Stellen des nur von ihm angeschauten Raumes verlegt. Auch hier gilt die frühere Bemerkung: das Vorstellen ist nicht das, was es vorstellt, und die Vorstellung eines linken Punktes liegt nicht links von der Vorstellung eines rechten Punktes, sondern von einem Vorstellen, welches an sich gar keine räumlichen Eigenschaften hat, werden bloß die beiden Punkte selber so vorgestellt, als läge der eine links, der andere rechts.

§ 5.

Folgendes Resultat steht jetzt vor uns:

Viele Eindrücke sind in der Seele zugleich, aber nicht räumlich neben einander, sondern bloß so zusammen, wie die gleichzeitigen Töne eines Accordes, d. h. qualitativ verschieden, aber nicht neben, über oder unter einander. Gleichwohl soll aus diesen Eindrücken die Vorstellung einer räumlichen Ordnung wieder entstehen. Es erhebt sich also zuerst die Frage: wie kommt die Seele überhaupt dazu, diese Eindrücke nicht so aufzufassen, wie sie wirklich sind, nämlich unräumlich, sondern wie sie nicht sind, in einem räumlichen Nebeneinander. In den Eindrücken selber kann der genügende Grund offenbar nicht liegen, sondern bloß in der Natur der Seele, in der sie vorkommen, und auf welche sie selbst nur als Reize einwirken. Deswegen pflegt man der Seele diese Tendenz, Raum anzuschauen, als ursprünglich angeborene Fähigkeit zuzuschreiben. Und in der That muß man sich hierbei beruhigen. Alle bisher versuchten Deductionen des Raumes, welche zeigen wollten, aus welchem Grunde es der Natur der Seele nothwendig ist, diese Raumanschauung zu entwickeln, sind vollständig mißlungen. Auch ist kein Grund hierüber zu klagen, denn die einfachsten Verfahrungsweisen der Seele wird man immer als gegebene Thatsachen bloß anerkennen müssen, wie denn z. B. niemand ernstlich weiter fragt, warum man Luftwellen nun gerade hört und nicht lieber schmeckt.

§ 6.

Viel wichtiger ist die zweite Frage: Vorausgesetzt die Seele habe nun einmal die Nöthigung gewisses Mannigfaltige räumlich neben einander vorzustellen, wie kommt sie dazu jeden einzelnen Eindruck an eine bestimmte Stelle des von ihr angeschauten Raumes so zu localisiren, daß das ganze angeschaute Bild dem äußeren Gegenstand ähnlich wird, der auf das Auge einwirkte?

Offenbar muß in den Eindrücken selbst ein solcher Leitfaden liegen. Die einfache Qualität der Empfindung Roth oder Grün enthält ihn aber nicht, denn jede solche Farbe kann nach und nach an jedem Punkt des Raumes erscheinen und verlangt deswegen an sich selber nicht, allemal auf den einen bestimmten Punkt bezogen zu werden. Nun aber erinnern wir uns, daß die Sorgsamkeit, mit welcher auf der Netzhaut die regelmäßige Lage der einzelnen Erregungen gesichert ist, nicht umsonst sein kann. Allerdings wird deshalb ein Eindruck noch nicht an einem bestimmten Punkte gesehen, weil er an diesem Punkte liegt, wohl aber kann er vermöge dieser bestimmten Lage anders auf die Seele wirken, als wenn er anderswo läge. Dies denken wir uns nun so:

Jeder Farbeneindruck r, z. B. roth, bringt auf allen Stellen der Netzhaut, die er trifft, dieselbe Empfindung der Röthe hervor. Nebenbei aber bringt er an jeder dieser verschiedenen Stellen a, b, c einen gewissen Nebeneindruck α, β, γ hervor, welcher unabhängig ist von der Natur der gesehenen Farbe und bloß abhängig von der Natur der gereizten Stelle. Es würde also sich mit jedem Farbeneindruck r dieser zweite Localeindruck associiren, so daß rα ein Roth bedeutet, das auf den Punkt a einwirkt, rβ dasselbe Roth, wenn es auf den Punkt b einwirkt. Diese associirten Nebeneindrücke würden nun für die Seele den Leitfaden abgeben, nach welchem sie dasselbe Roth bald an den einen, bald an den andern Ort oder auch zugleich an verschiedene Orte des von ihr angeschauten Raumes verlegt. Damit dies aber ordnungsmäßig geschehen könne, müssen diese Nebeneindrücke von den Haupteindrücken, den Farben, völlig verschieden sein und diese nicht stören. Unter einander aber müssen sie nicht bloß gleichartig, sondern ganz bestimmte Glieder einer Reihe oder eines Systems von Reihen sein, so daß jedem Eindruck r vermöge dieses angefügten Localzeichens nicht bloß ein besonderer, sondern ein ganz bestimmter Ort zwischen allen übrigen Eindrücken angewiesen werden kann.

§ 7.

Dies ist die Theorie von den Localzeichen. Ihr Grundgedanke besteht darin, daß alle räumlichen Verschiedenheiten und Beziehungen zwischen den Eindrücken auf der Netzhaut ersetzt werden müssen durch entsprechende unräumliche und bloß intensive Verhältnisse zwischen den in der Seele raumlos zusammenseienden Eindrücken, und daß hieraus rückwärts nicht eine neue wirkliche Auseinanderbreitung dieser Eindrücke, sondern nur die Vorstellung einer solchen in uns entstehen muß. Insoweit halten wir dies Princip für nothwendig; dagegen sind bloß Hypothesen möglich, um die Frage zu beantworten, worin denn für den Gesichtssinn die von uns verlangten Nebeneindrücke bestehen. Wir vermuthen folgendes: Wenn ein helles Licht auf einen seitlichen Theil der Netzhaut fällt, auf welchem, wie bekannt, die Empfindlichkeit für Eindrücke stumpfer ist, als in der Mitte der Netzhaut, so erfolgt eine Drehung des Auges so weit, bis diesem Lichte die empfindlichste Mitte der Netzhaut als auffangendes Organ untergeschoben ist; wir pflegen dies die Richtung des Blickes auf jenes Licht zu nennen. Diese Bewegung geschieht unwillkürlich, ohne ursprüngliche Kenntniß ihres Zweckes und stets ohne Kenntniß der Mittel, durch welche sie zu Stande gebracht wird. Wir können sie daher zu den sogenannten Reflexbewegungen rechnen, welche dadurch entstehen, daß eine Erregung eines sonst der Empfindung dienenden Nerven ohne weiteres Zuthun der Seele sich gemäß den vorhandenen anatomischen Zusammenhängen auf bewegende Nerven fortpflanzt und diese also völlig mechanisch zur Ausführung einer bestimmten Bewegung anreizt. Um nun eine solche Drehung des Auges auszuführen, die dem vorhin erwähnten Zweck genügt, muß jede einzelne Netzhautstelle, wenn sie gereizt wird, eine nur ihr allein eigenthümliche Größe und Richtung jener Drehung veranlassen. Zugleich aber würden alle diese Drehungen vollkommen vergleichbare Bewegungen und zwar Glieder eines Systems nach Größe und Richtung abgestufter Reihen sein.

§ 8.

Die Anwendung davon (viele feinere Einzelfragen abgerechnet) denken wir uns so: wenn auf den Punkt P einer Netzhaut, die noch gar keine Lichtempfindung gehabt hat, ein helles Licht fällt, so entsteht in Folge des Zusammenhangs der Nervenerregung eine solche Drehung des Auges, daß anstatt der Stelle P die Stelle E des deutlichsten Sehens dem ankommenden Lichtreiz untergeschoben wird. Während nun das Auge den Bogen PE durchläuft, erhält die Seele in jedem Augenblicke ein Gefühl von der momentanen Stellung desselben, ein Gefühl von derselben Art, wie dasjenige, durch welches wir im Finstern von der Stellung unserer Glieder unterrichtet werden. Dem Bogen P E entspricht daher eine Reihe sich beständig ändernder Stellungsgefühle, deren erstes Glied wir ebenfalls P und deren letztes wir E nennen. Wenn nun in einem zweiten Falle die Stelle P wieder durch Licht gereizt wird, so entsteht nicht bloß die Drehung P E noch einmal, sondern schon das Anfangsglied P der Reihe der Stellungsgefühle reproducirt in der Erinnerung die ganze mit ihm associirte Reihe P E und diese Reihe von Vorstellungen ist unabhängig davon, daß zu gleicher Zeit auch die Drehung P E wirklich erfolgt. Ganz dasselbe würde von einem andern Punkte Q gelten, nur daß der Bogen Q E, die Reihe der Gefühle Q E und auch das Anfangsglied Q andere Werthe hätten. Käme es nun endlich vor, daß beide Stellen P und Q gleich stark zugleich gereizt würden, und daß die Bogen P E und Q E einander gleich aber entgegengesetzt wären, so kann die wirkliche Drehung P E und Q E nicht stattfinden, dagegen bleiben die Erregungen auf den Stellen P und Q doch nicht wirkungslos; jede reproducirt die ihr zugehörige Reihe P E resp. Q E der Stellungsgefühle. Obgleich daher das Auge sich jetzt nicht bewegt, so knüpft sich doch an jede Erregung der Stellen P und Q die Vorstellung der Größe und der qualitativen Eigenthümlichkeit einer Reihe von Veränderungen, welche das Bewußtsein oder das Gemeingefühl würde erfahren müssen, damit diese Erregungen auf die Stelle des deutlichsten Sehens oder nach gewöhnlichem Ausdruck in die Richtung des Blickes fielen. Und nun behaupten wir: etwas rechts oder links von dieser Richtung sehen, heißt eben gar nichts anderes, als sich der Größe der Leistung bewußt sein, welche nöthig wäre, um es in diese Richtung zu bringen.

§ 9.

Durch diese Betrachtungen würde nichts weiter begründet sein, als die relative Lage der einzelnen farbigen Punkte im Sehfeld. Das ganze Bild dagegen würde noch gar keinen Ort in einem noch größeren Raume haben, ja selbst die Vorstellung eines solchen wäre noch gar nicht vorhanden. Zuerst erlangt nun dieses Bild einen Ort mit Rücksicht auf das Auge, dessen Oeffnungen und Schließungen, die uns auf andere Weise bekannt werden, bedingend für sein Dasein oder Nichtdasein sind. Nämlich die sichtbare Welt ist vorn vor unsern Augen; was hinter uns ist, existirt nicht bloß für uns noch gar nicht, sondern wir wissen nicht einmal, daß es etwas giebt, was man hinten nennen dürfte. Die Bewegungen des Körpers führen weiter. Enthält in einer Anfangsstellung das Sehfeld von links nach rechts die Bilder a b c, und drehen wir uns dann nach rechts um unsere Axe, so verschwindet a, aber d tritt rechts hinzu, es folgen also die Bilder bcd, cde, def bis xyz, yza, zab, abc. Durch diese Wiederkehr der anfänglichen Bilder entstehen die beiden Gedanken, daß die sichtbare Objectenwelt in einer ringsum geschlossenen Ausdehnung sich befindet, und daß die Veränderung unseres eigenen Befindens, welche wir während der Drehung durch sich verändernde Stellungsgefühle wahrnahmen, auf einer Veränderung unseres Verhältnisses zu dieser feststehenden Objectenwelt, d. h. auf einer Bewegung, beruht. Man begreift leicht, daß aus dieser Vorstellung eines geschlossenen Horizontes durch ähnliche Drehungen nach verschiedenen anderen Richtungen die Vorstellung einer kugelförmigen Ausdehnung entsteht.

§ 10.

Noch immer aber würde auch diese Kugelfläche nur eine flächenförmige Ausdehnung haben, von einer Tiefe des Raumes wäre noch keine Ahnung vorhanden. Die Vorstellung nun, daß es so etwas, wie eine dritte Dimension des Raumes überhaupt gäbe, kann nicht von selbst, sondern nur durch die Erfahrung entstehen, welche wir machen, wenn wir uns durch die gesehenen Objecte hindurch bewegen. Aus den mannigfaltigen Verschiebungen, welche hier die einzelnen gesehenen Bilder erfahren, wird uns auf eine Weise, die zu beschreiben langweilig, aber vorzustellen sehr leicht ist, die Einsicht zu Theil, daß jede Linie in einem ursprünglich gesehenen Bilde der Anfang neuer Flächen ist, die mit der früher gesehenen nicht zusammenfallen, sondern in größere oder geringere Entfernungen von ihr in diesen nun allseitig ausgedehnten Raum hinausführen. Eine andere erst später zu berührende Frage ist die, wonach wir die verschiedenen Größen der Entfernung nach dieser Tiefe des Raumes hin abschätzen.

§ 11.

Die Kreuzung der Lichtstrahlen in der engen Oeffnung der Pupille verursacht es, daß obere Objectpunkte sich unten, untere oben auf der Netzhaut abbilden, das Gesammtbild also die entgegengesetzte Stellung des Objectes hat. Allein es ist ein Vorurtheil, um deswillen das Verkehrtsehen für natürlicher und das Aufrechtsehen für räthselhafter zu halten. Wie jede geometrische Eigenschaft des Bildes, so geht auch diese seine Stellung beim Uebergang in das Bewußtsein vollständig verloren, und die Stellung, in welcher wir die Dinge sehen, wird gar nicht präjudicirt durch jene Stellung des Bildes. Damit wir nun aber den Gegenständen überhaupt eine Stellung zuschreiben können, damit also die Ausdrücke oben, unten, aufrecht und verkehrt einen Sinn haben, muß man eine von aller Gesichtsempfindung unabhängige Vorstellung eines Raumes haben, in welchem der ganze Inhalt des Sehfeldes angeordnet werden soll, und in welchem oben und unten zwei qualitativ entgegengesetzte, und deshalb nicht vertauschbare Dimensionen sind. Das Muskelgefühl bietet uns eine solche Vorstellung: unten ist der Ort, nach welchem die Richtung der Schwere geht, oben der entgegengesetzte. Beide Richtungen sind für uns durch ein unmittelbares Gefühl völlig unterschieden, und wir täuschen uns deshalb auch im Finstern über die Stellung und Lage unseres Körpers niemals. Aufrecht sehen wir nun die Gegenstände dann, wenn durch eine und dieselbe Augenbewegung die untern Punkte des Objectes zugleich mit denjenigen

Punkten unseres eigenen Körpers erreicht werden, die nach dem Zeugniß jenes Muskelgefühls unten sind, und die oberen durch eine Bewegung, welche die nach demselben Zeugniß oberen Theile unserer selbst zugleich sichtbar macht. Gerade diese Uebereinstimmung nun ist in unserem Auge, in welchem der Drehpunkt vor der empfindlichen Netzhaut liegt, durch die verkehrte Lage des Netzhautbildes gesichert. In einem andern Auge, in welchem die empfindliche Fläche vor dem Drehpunkt läge, übrigens aber auch die größte Empfindlichkeit in der Mitte jener Fläche vorkäme, würde das Netzhautbild zu demselben Zwecke aufrecht stehen müssen.

§ 12.

Warum wir mit zwei Augen einfach sehen, ist nicht endgültig zu beantworten; es geschieht bekanntlich nicht immer, vielmehr müssen zwei Eindrücke auf zwei ganz bestimmte Punkte der Netzhäute fallen, um zu verschmelzen. Man sieht dagegen doppelt, wenn sie auf andere fallen. Natürlich würden wir sagen: die beiden Stellen, die zusammengehören, müssen gleiche Lokalzeichen ihren Eindrücken mitgeben und sie dadurch ununterscheidbar machen; allein wir können nicht nachweisen, wie dies Postulat erfüllt ist. Auch die Physiologie begnügt sich zuletzt mit einem bloßen Namen für das Factum: sie nennt eben identische Stellen beider Netzhäute die, welche einen einfachen, und nicht identische die, welche einen doppelten Eindruck geben.

§ 13.

Hautreize beziehen wir natürlich sofort auf die Hautstelle, auf die wir sie einwirken sehen; aber in einem Wiederholungsfalle, wenn wir dies nicht sehen können, hilft eine Erinnerung daran nichts, denn die meisten gewöhnlichen Reize haben im Laufe des Lebens schon alle möglichen Hautstellen getroffen und könnten daher jetzt auf die eine so gut, wie auf die andere bezogen werden. Damit sie richtig lokalisirt werden können, müssen sie in jedem Augenblicke von neuem sagen, wohin sie gehören, b. h. an den Haupteindruck (Stoß, Druck, Wärme oder Kälte) muß sich ein Nebeneindruck knüpfen, der von diesem unabhängig, dagegen abhängig von der gereizten Hautstelle ist. Solche Lokalzeichen kann die Haut liefern, denn, da sie stetig zusammenhängt, so kann ein einzelner Punkt derselben gar nicht gereizt werden, ohne daß auch die Umgebung eine Verschiebung, Zerrung, Dehnung oder Erschütterung überhaupt erfährt. Da aber ferner die Haut an verschiedenen Stellen verschiedene Dichtigkeit, verschiedene Spannung oder Verschiebbarkeit besitzt, bald über feste Knochenflächen, bald über Muskelfleisch, bald über Hohlräume läuft, da ferner bei der Vielgestaltigkeit der Glieder diese Verhältnisse von Strecke zu Strecke wechseln, so wird auch jene Summe von Nebenwirkungen um den gereizten Punkt herum für den einen eine andre sein, als für den andern; und diese Wirkungen, wenn sie von Nervenenden aufgenommen werden und auf das Bewußtsein wirken, können die schwer beschreiblichen Gefühle verursachen, nach welchen wir eine Berührung an der einen Stelle von derselben Berührung an einer andern unterscheiden. Man kann indessen nicht sagen, daß jeder Punkt der Haut sein besonderes Lokalzeichen habe. Man weiß aus Versuchen E. H. Weber's, daß am Rande der Lippen, der Zungenspitze, den Fingerspitzen zwei Berührungen (durch Zirkelspitzen) noch als zwei unterschieden werden bei einem Zwischenraum von $\frac{1}{2}$ Linie, während es an Armen, Beinen und am Rücken Stellen gibt, die zur Unterscheidung eine Zwischenentfernung bis 20 Linien verlangen. Dies deuten wir auf folgende Weise: Wo der Bau der Haut auf lange Strecken wenig wechselt, ändern sich auch die Lokalzeichen von Punkt zu Punkt nur wenig, und wenn beide Reize gleichzeitig einwirken, mithin eine gegenseitige Störung dieser Nebenwirkungen eintritt, werden sie ununterscheidbar, wogegen dann, wenn beide Reize successiv wirken, also jene Störung wegfällt, beide häufig noch unterscheidbar werden. Wie dagegen die außerordentliche Empfindlichkeit, z. B. die der Lippen, hergestellt ist, wissen wir nicht weiter anzugeben.

§ 14.

Das Vorige erklärt bloß die Möglichkeit Eindrücke auf verschiedenen Stellen zu unterscheiden, es soll aber auch jeder auf die bestimmte Stelle bezogen werden, auf die er einwirkt. Dies ist leicht für den Sehenden, der ein Bild seiner Körperoberfläche bereits besitzt, und deshalb jeden Reiz, den er einmal auf eine bestimmte Stelle hat einwirken sehen, nun auch im Finstern vermöge des gleichbleibenden Localzeichens an dieselbe Stelle des von ihm vorgestellten Körperbildes verlegt. Ein Blindgeborner müßte sich dieses Bild erst durch Tastsinn verschaffen, und natürlich geschieht dies durch Bewegungen der tastenden Glieder und durch Abschätzungen der Entfernungen, welche diese zurücklegen müssen, um von der Berührung des Punktes a zu der des andern b zu gelangen. Es ist aber zu bedenken, daß diese Bewegungen, die ja hier nicht gesehen werden, nur durch sogenannte Muskelgefühle wahrnehmbar werden, d. h. durch Gefühle, die an sich bloß gewisse Arten sind, wie uns zu Muthe ist, aber gar nicht von selbst die Bewegungen anzeigen, die in der That ihre Ursache sind. Wie nun diese Ausdeutung der Muskelgefühle bei Blindgebornen wirklich entsteht, kann man nicht beschreiben, findet aber sehr wahrscheinlich das Hülfsmittel, das zu ihr führt, darin, daß der Tastsinn so wie das Auge viele Eindrücke zugleich empfangen kann und daß bei einer Bewegung nicht der vorige Eindruck spurlos verschwindet und durch einen ganz neuen ersetzt wird, sondern in der früher angegebenen Weise die Combinationen a b c, b c d u. s. w. auf einander folgen, also je zwei nächsten Eindrücken ein gemeinsamer Theil verbleibt. Hierdurch allein scheint die Idee erweckt werden zu können, daß dasjenige Ereigniß, aus welchem für uns die Reihe der veränderlichen Muskelgefühle entspringt, in einer Aenderung unseres Verhältnisses zu einer Reihe neben einander vorhandener und in einer bestimmten Ordnung befindlicher Objecte, also in einer Bewegung, besteht.

§ 15.

Es ist zu bezweifeln, daß die Raumvorstellung, die ein Blindgeborner bloß durch Tastsinn erreicht, der des Sehenden überhaupt ähnlich sein werde, vielmehr ist anzunehmen, daß ein viel weniger anschauliches System von Vorstellungen der Zeit, der Bewegungsgröße und der Anstrengung, die man braucht, um von der Berührung eines Punkts zu der des andern zu gelangen, an die Stelle der klaren, mühelosen und auf einmal alles umfassenden Anschauung tritt, die dem Sehenden geschenkt ist.

(Hierüber zu vergleichen die Aussagen operirter Blindgeborner: Cheselden in Philos. transact. 1728, Vol. 35; Helmholtz, Physiologische Optik.)

Fünftes Kapitel.
Von der sinnlichen Weltauffassung und von den Sinnestäuschungen.

§ 1.

Ein einfacher Sinneseindruck stellt nur sich selbst dar und sagt nichts aus über die Dinge, denen er als Eigenschaft, Zustand oder Wirkung zugehört. Diese weitere Ausdeutung ist allerdings, wie man sagt, Sache des Verstandes und er ist es, der sich täuscht, wenn er durch eine Vorstellung a, die er früher unter nicht vollkommen durchschauten Nebenbedingungen c mit einer zweiten b verbunden fand, sich verleiten läßt auch ein unter andern Bedingungen d erneuertes a mit demselben b verbunden zu denken. Allein nicht immer sind die Sinne so unschuldig. Das Auge z. B., indem es die nach drei Dimensionen ausgedehnte Welt auf einer Fläche abbildet, gibt uns durchaus falsche Verhältnisse zwischen den Bildern der einzelnen Objecte. Hier also, wo der Sinn das Falsche gibt, der Verstand aber die Berichtigungen bringen muß, haben wir ein Recht von Sinnestäuschungen zu sprechen. Dahin gehören z. B.

die unrichtige Verkleinerung entfernter Objecte, die Convergenz von Parallelen in der Entfernung, die Erhöhung des Meeresniveaus über das Ufer; lauter Erscheinungen, die auch dann für die sinnliche Anschauung fortdauern, wenn der Verstand über das wahre Verhalten nicht mehr im Unklaren ist.

§ 2.

Dieselben Raumgrößen schätzen wir größer, wenn sie hellfarbig, kleiner, wenn sie dunkel sind; größer erscheint dem Auge die vielfach angefüllte Fläche, kleiner die leere; dem Tastsinn die rauhe größer, als die glatte. Nach derjenigen Richtung, die durch vielfache Wiederholung von Linien hervorgehoben ist, scheinen sich die Dinge mehr auszudehnen, als sie wirklich thun. Dies alles wird von den decorativen Künsten vielfältig benutzt. Die Entfernung schätzen wir sehr unbestimmt für die hellen Gegenstände kleiner, für die dunkleren größer; viel genauer kleiner, so lange die innere Zeichnung der Dinge klar bleibt, größer, wenn sie einen trüben Gesammteindruck macht. Hauptsächlich aber benutzen wir drei Elemente: die wirkliche Größe eines Dinges, die scheinbare Größe desselben, und die Entfernung, um aus zweien von ihnen das dritte zu ermitteln. Ist die wahre Größe gegeben (z. B. dadurch, daß wir wissen, daß das fragliche Object ein Mann oder ein Kind ist) und zugleich die scheinbare Größe, so schätzen wir die Entfernung um so größer, je kleiner die zweite verglichen mit der ersten ist. Kennen wir außer der scheinbaren Größe die Entfernung, so können wir die wirkliche auf dieselbe Art berechnen. Kennen wir endlich die wahre Größe und die Entfernung, so können wir die scheinbare Größe finden, welche z. B. die Malerei dem Objectbilde geben muß, um es in dieser Entfernung erscheinen zu lassen. Wo aber Gegenstände, z. B. Berge und Wasserflächen, kein natürliches Maß haben, also bloß die scheinbare Größe gegeben ist, können wir auf die wirkliche Größe und die Entfernung zugleich nur dadurch einigermaßen schließen, daß wir die letztere in

Theile zerfällen, deren jeden wir nach dem Verhältnisse der scheinbaren Größe eines darin befindlichen, bekannten Gegenstandes zu seiner wahren Größe abschätzen. Ein sehr wichtiges Mittel endlich ist die Parallaxe d. h. die Größe der Verschiebung, welche das Bild eines Objectes C gegen bestimmte Marken P, Q, R eines feststehenden Hintergrundes dann erfährt, wenn wir es von den beiden Endpunkten A und B einer Linie AB betrachten. Sie ist größer für die näheren, kleiner für die entfernteren Objecte. Wir benutzen dieses Hülfsmittel täglich, indem wir abwechselnd mit dem einen oder anderen Auge das Object firiren, oder den Kopf nach rechts und links neigen oder wirklich hin und her gehen. Hiervon hat die Wissenschaft vielfachen Gebrauch gemacht, indem sie dieses Experiment sorgfältig und mit Zuhülfenahme von feineren Meßinstrumenten ausführt.

§ 3.

Die Vergleichung sinnlicher Qualitäten (Farben, Töne, Geschmäcke, Wärmegrade) erfordert eine gewisse Massenhaftigkeit des Eindrucks, sei es Intensität oder räumliche Ausdehnung oder zeitliche Dauer. Sie verlangt außerdem, daß das prüfende Organ ganz dasselbe sei, damit nicht die verschiedenen Localzeichen verschiedener Organe die Eindrücke modificiren. Man prüft deshalb nicht simultan mit zwei Fingern die Wärme zweier Wassermassen, sondern successiv mit demselben Finger und so weiter. Dabei hat man die andere Klippe zu vermeiden, die Zwischenzeit zu groß zu nehmen, um beide Eindrücke noch lebhaft genug im Bewußtsein zu haben, oder zu klein, so daß die Nachwirkungen des ersten sich mit dem zweiten Eindruck mischen. Diese Nachwirkungen sind doppelter Art. Wenn sie stark und frisch sind, verdunkeln sie den zweiten Eindruck; aber sehr häufig und in verschiedenen Sinnen kommt auch das andere vor, daß ein Nerv, der durch einen Eindruck a längere Zeit in dieselbe einseitige Erregung versetzt worden ist, nach dem Aufhören dieses Reizes von selbst eine andere Erregungsform annimmt, durch die er zu seinem unparteiischen Gleichgewichtszustande zurückkehrt. Auch diese Gegenerregungen erzeugen Empfindungen, so z. B. ein lange durch Grün, Roth oder Gelb beschäftigtes Auge sieht nachher die Ergänzungsfarben Roth, Grün und Violett. Auch im Bereich des Tastsinns und der Muskelgefühle kommen diese Contrastempfindungen vor.

§ 4.

Für bewegt halten wir jedes Object, dessen Bild über unsere Netzhaut wandert, und dieser Schein findet nicht bloß dann statt, wenn wir in einer völlig passiven Bewegung (z. B. Fahren auf einem Schiff), sondern auch dann, wenn wir in dem Bewußtsein unserer wirklichen Bewegung und der Ueberzeugung von dem Feststehen der Objecte durch diese hindurch gehen. Natürlich hat dann die Scheinbewegung der Gegenstände die entgegengesetzte Richtung unserer eigenen. Die bekannte drehende Bewegung, mit welcher nach längerer Axendrehung unseres Körpers und dann plötzlichem Stillstehen die Gegenstände an uns vorübereilen, scheint ihren Grund darin zu haben, daß die Augen uns unbewußt noch mehrmals der vorigen Drehungsrichtung des Körpers folgen, und wenn sie an den Augenwinkel gelangt sind, plötzlich umkehren, um denselben Weg von Neuem zu beginnen. Daher sind es immer dieselben Gegenstände, die unaufhörlich vor uns vorübergehen ohne alle zu werden.

§ 5.

Wenn irgend ein Gegenstand, z. B. ein Stab, mit unserem Körper, z. B. der Hand, in eine lockere Verbindung gebracht ist, welche Verschiebungen seiner Lage zuläßt, so wird er bei jeder augenblicklichen Lage eine neue und eigenthümliche Combination von Druckempfindungen, z. B. auf den verschiedenen Fingern, veranlassen. Nach früheren Erfahrungen, die wir gemacht haben, bilden wir uns aus jeder solchen Combination eine Vorstellung von der Lage, die der Gegenstand, der Stab, jetzt hat. Wenn er nun in allen Lagen denselben Widerstand an einem äußeren Gegenstande findet, und auch dieser Druck durch den Stab hindurch auf unsere Hand wirkt, so verlegen wir nicht nur den Sitz dieses Widerstandes an den gemeinschaftlichen Durchschnittspunkt aller dieser successiven Lagen, sondern wir glauben mit ganz unmittelbarer Deutlichkeit ihn an dem Orte, wo er geleistet wird, geradezu zu empfinden; ganz als wenn wir am Ende dieses Stabes mit unserer Empfindungs= fähigkeit ebenso gut zugegen wären, als in der Handoberfläche, wo das andere Ende des Stabes drückt. Diese doppelten Berührungs= gefühle, die in ganz unzähligen Beispielen vorkommen, bringen in unsere Vorstellung äußerer Dinge eine ganz eigenthümliche Leben= digkeit. Sie dienen vor allem, um den nützlichen Gebrauch vieler Werkzeuge z. B. der Sonden, der Messer, Gabeln, Schreibfedern erst möglich zu machen, da wir durch sie die Widerstände oder Hinder= nisse, die diese Instrumente an ihren Objecten finden, ganz un= mittelbar in loco wahrzunehmen glauben und die passenden augen= blicklichen Gegenmittel anwenden können. Sie belehren uns ferner über manche Eigenschaften der Dinge, z. B. über die Länge einer balancirten Stange, über die Breite einer betretenen Leitersprosse, über die Länge des Fadens, an dem eine befestigte Kugel im Kreise herumschwingt. Endlich geben sie uns im allgemeinen das ange= nehme Gefühl einer über die eigentlichen Grenzen unseres Körpers erweiterten geistigen Gegenwart, und dies ist der Grund der vielen zum Theil zierlichen, zum Theil sonderbaren beweglichen Zusätze oder Anhänge an unserem Körper, deren sich die Putzsucht zu be= dienen pflegt.

Sechstes Kapitel.
Von den Gefühlen.

§ 1.

Wir nennen Gefühle ausschließlich Zustände von Lust und Unlust, im Gegensatze zu Empfindungen als gleichgültigen Wahrnehmungen eines Inhalts. Wir behaupten damit nicht, daß diese beiden geistigen Leistungen von einander getrennt vorkommen, finden vielmehr wahrscheinlich, daß ursprünglich keine Vorstellung völlig gleichgültig ist, daß vielmehr der an ihr haftende Werth von Lust oder Unlust unserer Aufmerksamkeit nur entgeht, weil im ausgebildeten Leben der Sinn und die Bedeutung, welche die Eindrücke für unsere Lebenspläne haben, uns wichtiger geworden ist, als die Ueberlegung des Eindrucks selbst. Dagegen bleiben wir dabei, daß ihren Begriffen nach Empfinden und Fühlen zwei verschiedene, wenn auch immer verbundene, dennoch aus einander nicht ableitbare Leistungen sind. Irgend ein Verhältniß zwischen verschiedenen gleichzeitigen Eindrücken oder Zuständen erzeugt daher ein Gefühl nicht von selbst, sondern nur dadurch, daß es auf die ganze Natur der Seele als Reiz einwirkt und, indem es eine früher nicht in Anspruch genommene Fähigkeit der Seele anregt, diese zu einer Rückwirkung, nämlich zur Erzeugung des Gefühls, veranlaßt.

§ 2.

Es ist nicht beweisbar, aber ein natürliches Vorurtheil und eine probable Hypothese, daß Gefühle die Folgen und die Kennzeichen der Uebereinstimmung oder des Streites sind zwischen den in uns erzeugten Erregungen und den Bedingungen unseres dauernden Wohlseins. Lust würde daher beruhen auf jeder Anregung zum Gebrauch unserer natürlichen Fähigkeiten innerhalb der Grenzen dieser Bedingungen, und sie würde steigen mit der Intensität dieser

Anregungen; dagegen Unlust darauf, daß die zugefügten Erregungen theils ihrer Stärke nach, theils auch ihrer Form nach (was man gewöhnlich übersieht) mit jenen Bedingungen streiten. Dies heißt nun nicht, daß die Seele zuerst die Erregungen, dann ihr Verhalten gegen diese Bedingungen beobachte und endlich nach Ansicht dieser Acten sich entschlösse Lust oder Unlust zu empfinden; vielmehr gerade so wie die Empfindung, z. B. des Roth, bloß die Folge einer Reihe von Vorgängen in den Nerven ist, aber gar nichts mehr von diesen erzählt, ebenso ist das Gefühl nur die letzte Folge jenes Streites oder Einklangs, und sie allein tritt nach diesen unbewußten Vorangängen im Bewußtsein auf.

§ 3.

Lust und Unlust sind allgemeine Bezeichnungen, die in dieser Allgemeinheit nichts Wirkliches ausdrücken; vielmehr hat jede wirkliche Lust oder Unlust ihren eigenen ganz specifischen Charakter, und man kann sie keineswegs aus verschiedenen Antheilen einer allgemeinen Lust und Unlust zusammensetzen, ebenso wie man aus verschiedenen Mischungen von hell und dunkel die verschiedenen Farben nicht erzeugt. Ueber die Bedingungen, unter denen Gefühle überhaupt oder bestimmte Formen derselben entstehen, wissen wir fast nichts.

Die erste Gruppe, die wir unterscheiden können, die sinnlichen Gefühle, d. h. die von Sinnesreizen direct abhängigen, sind in den verschiedenen Sinnen um so intensiver, je weniger diese Sinne zu feinen objectiven Wahrnehmungen fähig sind. Farben und ihre Contraste erregen bloß Wohlgefallen oder Mißfallen; Dissonanzen von Tönen beleidigen schon den Hörer persönlich; Lust und Unlust des Geruchs und Geschmacks sind schon viel intensiver; aber erst in der Haut, die für sich allein wenig Erkenntniß liefert, und in den inneren Theilen, die dazu gar nichts beitragen, nimmt die Unlust den Charakter des Schmerzes an. Die Zweckmäßigkeit dieses Verhaltens leuchtet ein, seine mechanische Begründung ist unbekannt.

§ 4.

Diese weniger starken Gefühle der höheren Sinne leiten zu einer zweiten Klasse über, den ästhetischen Gefühlen, die nicht ganz ausschließlich aber hauptsächlich sich an eine gleichzeitige Mehrheit von Eindrücken knüpfen und in den einfachsten Fällen thatsächlich von der Einfachheit oder der Schwierigkeit der Verhältnisse abhängen, die zwischen diesen obwalten. Der eigentliche Grund aber, um deswillen diese Einfachheit, z. B. bei den consonirenden Tönen, günstig auf uns wirkt, ist unbekannt, denn wahrgenommen werden diese factischen Verhältnisse als solche in der Regel nicht. Der Charakter dieser ästhetischen Gefühle des Wohlgefallens und Mißfallens kann im Gegensatz zu dem sinnlichen Behagen oder Mißbehagen dahin ausgedrückt werden, daß nur der allgemeine Geist in uns, nicht aber unser persönliches Wohlbefinden, durch diese Eindrücke gefördert oder gestört wird. Hieran schließen sich die sittlichen Gefühle, von denen wir deshalb sprechen müssen, weil Billigung oder Mißbilligung gar nichts anderes ist als der Ausdruck eines Werthes oder Unwerthes, den wir nur im Gefühl wahrnehmen, und der sich deshalb gänzlich unterscheidet von einem bloß theoretischen Urtheil über die Wahrheit oder Unwahrheit eines Satzes.

§ 5.

Eine weitere Beschreibung der Gefühle ist nutzlos, dagegen nützlich zwei Zustände davon zu unterscheiden. Man nennt häufig Gefühl, was eigentlich Affect zu nennen ist, und was nicht in einem ruhigen Zustand oder einer bloßen Stimmung des Gemüths, sondern in einer Bewegung besteht, welche wie bei Zorn oder Schrecken auch in den Vorstellungsverlauf Unordnung bringt und außerdem gewöhnlich noch unwillkürliche Bewegungen einschließt, theils bloße Geberden, theils Anfänge von Handlungen, die aus dem gegebenen Anlaß hervorgehen würden, wenn sie nicht gehemmt würden. Ebenso muß man unterscheiden die Gesinnungen, d. h. beständige Verfassungen

des Gemüths, die daraus hervorgehen, daß auf gewisse Vorstellungs=
inhalte ein für allemal ein bestimmter Werth gelegt ist; sie sind
daher, z. B. Frömmigkeit oder Vaterlandsliebe, nicht selbst einfache
bestimmte Gefühle, sondern Ursachen, aus denen nach Lage der Um=
stände die verschiedenartigsten Gefühle entspringen können.

§ 6.

Den Begriff des Ich pflegt man dahin zu definiren, es sei
zugleich Subject und Object des Bewußtseins. Diese an sich richtige
Definition paßt jedoch auf jedes Wesen, welches an diesem allge=
meinen Charakter solcher Identität participirt; wenn wir aber von
Selbstbewußtsein sprechen, meinen wir nicht bloß die allgemeine
Form der Thätigkeit, welche Du und Er ebenso gut besitzen, wie Ich,
sondern wir meinen das Wissen, wodurch sich Ich von Du und Er
unterscheidet. Es wäre nutzlos zu behaupten, Ich sei eben Subject
und Object meines Wissens, Er dagegen Subject und Object des
seinigen, so lange man nicht unmittelbare Klarheit über den Unter=
schied dessen, was mein ist, von demjenigen besäße, was nicht mein
oder sein ist. Diesen Unterschied kann keine bloße theoretische Be=
trachtung lehren, für welche Ich und Du bloß zwei gleichwerthige
Beispiele eines solchen identischen Subject=Objectes sein würden.
Daß wir das eine von beiden eben Ich nennen und es in einen
Gegensatz zu der ganzen übrigen Welt bringen, der von ganz anderer
Art und Wichtigkeit ist, als der Unterschied eines zweiten Dinges
von einem dritten, hiervon beruht die Möglichkeit nur darauf, daß
unsere eigenen Zustände nicht bloß Gegenstände des Vorstellens
sind, sondern zugleich ein unmittelbares Interesse der Lust und Un=
lust erwecken, welches dieselben Zustände, wenn sie bloß als an einem
Subject überhaupt haftend vorgestellt, aber nicht von uns erlitten
werden, keineswegs hervorbringen. Auf diesem unmittelbaren Wege
lernen wir zuerst unterscheiden, was mein und was nicht mein ist.
Die Vorstellung des Ich ist die spätere und bedeutet allerdings nur

dasjenige Subject-Object, welches der Mittelpunkt dieses so kennen gelernten Meinigen ist. Zweierlei muß man daher unterscheiden. Das Bild, welches wir uns von unserem eigenen Wesen machen, kann mehr oder weniger zutreffend oder irrig sein; das hängt von der Höhe der Erkenntnißkraft ab, durch welche jedes Wesen sich über diesen Mittelpunkt seiner eigenen Zustände theoretisch aufzuklären sucht. Die Evidenz dagegen und die Innigkeit, mit der jedes fühlende Wesen sich selbst von der ganzen Welt unterscheidet, hängt gar nicht von der Vortrefflichkeit dieser seiner Einsicht in sein eigenes Wesen ab, sondern äußert sich bei den niedrigsten Thieren, so weit sie durch Schmerz oder Lust ihre Zustände als die ihrigen anerkennen, ebenso lebhaft, als bei dem intelligentesten Geiste. Wohl aber würde ein Geist, der alles durchschaute, aber an nichts ein Interesse von Lust oder Unlust hätte, weder fähig noch veranlaßt sein sich selbst als ein Ich der übrigen Welt entgegenzusetzen; er würde sich selbst nur vorkommen als eines, aber nicht als ein irgend wie bevorzugtes von den vielen Beispielen eines Wesens, das zugleich Subject und Object des Denkens ist.

Siebentes Kapitel.
Von den Bewegungen.

§ 1.

Unsere Bewegungen führen wir aus ohne Kenntniß der dazu nöthigen Mittel, der Muskeln und ihrer Contractilität, und ganz besonders ohne zu wissen, wie es angefangen werden muß einen bestimmten motorischen Nerven dazu zu veranlassen, daß er die zu einer bestimmten Bewegung nothwendigen Muskeln in eine passende Erregung versetzt. Daraus folgt, daß in keinem Falle die Seele gleichsam durch eigenes Handanlegen die Bewegungen zu Stande bringt und im einzelnen ausführt. Sie erzeugt vielmehr immer bloß einen gewissen inneren Zustand (des Wünschens, Wollens, Begehrens) in sich selbst; mit diesem hat dann eine unserem Bewußtsein unzugängliche und von unserem Willen ganz unabhängige Naturordnung die Entstehung einer körperlichen Bewegung als thatsächliche Folge verknüpft. Es kommt daher zunächst nur darauf an, die verschiedenen seelischen Zustände kennen zu lernen, welche auf diese Weise die Veranlassung körperlicher Bewegungen sind.

§ 2.

In einem lebendigen Körper geschehen unaufhörlich Veränderungen, welche auch auf die motorischen Nerven einwirken und Bewegungen hervorbringen, an deren Erzeugung die Seele gar nicht betheiligt ist. Dennoch sind sie wichtig. Denn bloß dadurch, daß Bewegungen von selbst geschehen, kann die Seele eines Thieres, für die sie dann Gegenstand der Beobachtung werden, auf den Gedanken kommen, daß ihr Leib beweglich ist, und daß seine Bewegungen mit inneren Zuständen ihrer selbst im Zusammenhang stehen, auf welchen Gedanken sie nicht kommen würde, wenn sie in einem von selbst oder durch äußere Ursachen niemals in Bewegung versetzten Körper wohnte.

§ 3.

Aus diesen Bewegungen kann man als besondere Klasse die Reflexbewegungen hervorheben, die dadurch entstehen, daß die Erregung eines sensiblen Nerven durch äußere oder innere Reize sich ohne Zuthun der Seele in den Centralorganen so auf die motorischen Nerven fortpflanzt, daß sie mit Einem Schlage eine zu einer zweckmäßigen Handlung zusammengehörige Gruppe von Muskeln zur Bewegung anregt. Dabei kann zugleich eine bewußte Empfindung entstehen, aber es kann auch die Erregung ohne eine solche hervorzubringen gleichsam seitwärts abbiegen und dieselben Bewegungen ohne eine Betheiligung des Bewußtseins hervorbringen.

Viele von diesen Bewegungen wie Husten, Niesen, die Veränderungen der Pupille bei Lichtreiz, lassen sich auffassen als Reactionen, welche die Natur in dem Bau des Körpers als Schutzmittel gegen Schädlichkeiten präformirt hat. Als bloß mechanische Folgen der Erregungen zeigen sie sich dadurch, daß sie nicht nur unwillkürlich erfolgen, sondern auch durch bloßes Nichtwollen gar nicht, vielmehr bloß durch künstliche Gegenmittel verhindert werden können.

§ 4.

In den mimischen und physiognomischen Bewegungen, dem Lachen, Weinen, Schluchzen u. dergl., ist der Anfangspunkt zum ersten Mal ein psychischer Zustand, ein solcher nämlich des Gemüthes, und sie lassen sich sämmtlich nur unvollkommen künstlich nachmachen, selbst dies bloß dadurch, daß man sich künstlich in dieselbe Gemüthsverfassung hineinphantasirt, die eben ihre wirkliche Ursache ist. Aber alle diese Bewegungen geschehen zugleich ohne Kenntniß ihres Grundes und ihres Nutzens, denn man kann nicht sagen, warum man gerade bei Freude lachen und bei Schmerz weinen müsse und nicht lieber umgekehrt. Sie sind also ebenfalls Bewegungen, welche eine von uns nicht erfundene und auch nicht verstandene Naturordnung als thatsächliche Folgen an unsere Gemüthszustände geknüpft hat.

§ 5.

Eine vierte Klasse bilden die Nachahmungsbewegungen, durch die z. B. der Zuschauer unabsichtlich die Stöße des Fechtenden oder Kegelschiebenden begleitet und der ungebildete Erzähler die mitzutheilenden Bewegungen nachmacht. In diesem Fall ist es die Vorstellung und zwar eben die einer bestimmten Bewegung, welche ohne weiteres Wissen und Wollen von selbst in die Ausführung der Bewegung übergeht. Zu dieser Klasse werden die meisten unserer täglichen Bewegungen, die wir häufig schon Handlungen nennen, zu rechnen sein. Sobald am Ende einer Gedankenreihe die Vorstellung einer durch sie begründeten Bewegung in uns auftaucht und von keiner Seite her ein Widerstand gegen sie geleistet wird, geht diese Vorstellung, ohne daß man einen ausdrücklich auf sie gerichteten Willensimpuls anzunehmen hätte oder nachweisen könnte, von selbst in Bewegung über. Dies gilt ganz besonders von früher angelernten Fertigkeiten, z. B. dem Schreiben oder Clavierspielen, wo die bloße Vorstellung eines zu fixirenden oder hervorzubringenden Lautes sogleich die nöthigen Bewegungen nach sich zieht, ohne daß eine deutliche Vorstellung dieser letzteren sich vorher erst im Bewußtsein zu entwickeln brauchte.

§ 6.

Diese Betrachtungen scheinen einen Unterschied zwischen will­kürlichen und unwillkürlichen Handlungen aufzuheben. In der That thun sie es nicht. Was auch immer unsere später zu entwickelnde Ueberzeugung über die Natur des Willens sein mag, jedenfalls kann man ihm nicht zumuthen mehr zu thun, als zu wollen; vollbringen kann er nur dann etwas, wenn an einen bestimmten Willensentschluß, als an einen geistigen Zustand, eine von ihm unabhängige Naturordnung eine bestimmte Aenderung in dem Zustand der bewegenden Nerven geknüpft hat. Wo dies nicht der Fall ist, bleibt der Wille, der dann bloß noch ein vergeblicher Wunsch ist, ohne alle Folgen. Willkürlich ist daher eine Handlung dann, wenn der innere Anfangszustand, von dem eine Bewegung als Folge entstehen würde, nicht bloß statt hat, sondern von dem Willen gebilligt oder adoptirt oder gewähren gelassen wird. Unwillkürlich ist jede, die mechanisch betrachtet von demselben Anfangspunkt und ganz in derselben Weise ausgeht, aber ohne diese Billigung erfahren zu haben. Die Herrschaft des Willens über die Bewegungen kann man daher allenfalls unserer Benutzung des Alphabets vergleichen. Neue Laute oder Buchstaben können wir nicht ersinnen, sondern sind an die gebunden, die unsere Sprachwerkzeuge

4*

uns möglich machen. Aber combiniren können wir sie in unzähligen Weisen. Und ebenso kann die Seele, indem sie nach ihren Absichten jene inneren Anfangszustände in beliebiger Reihenfolge combinirt, auch diese körperlich vorbereiteten Elemente von Bewegungen zu den allerverschiedensten Handlungen und zum Ausdruck ihres Willens zusammensetzen.

Zweiter Theil.

Von der Seele.

(Theoretische Psychologie.)

Erstes Kapitel.
Von dem Dasein der Seele.

§ 1.

Nach dieser Durchmusterung der einzelnen Elemente des innern Lebens fragen wir nach der Natur des Subjects, an der sie alle vorkommen oder möglich sind. Unsere endliche Ueberzeugung hierüber wird am einfachsten klar werden, wenn wir zuerst die vorläufigen Ansichten gelten lassen, die man auf Anlaß der Erfahrung zuerst auszubilden pflegt, dann aber sie allmählich umformen, um sie zur Auflösung von Schwierigkeiten geschickt zu machen, welche sie in ihrer früheren Form nicht auflösen konnten. Man muß daher bedenken, daß nicht alles auf einmal gesagt werden kann, und daß erst die letzte Gestalt, die unsere Ansicht annehmen wird, unsere bleibende Ueberzeugung ist.

§ 2.

Die beständige Verknüpfung des geistigen Lebens mit dem körperlichen, in der es allein Gegenstand der Beobachtung ist, macht den Versuch natürlich, es auch nur als Erzeugniß der körperlichen Functionen aufzufassen. Indessen ist es eine alte, moderner Wiederentdeckung gar nicht bedürftige Wahrheit, daß aus allen Combinationen materieller Zustände niemals analytisch die Entstehung eines geistigen Zustandes begreiflich wird. Oder einfacher gesagt: wenn wir materielle Elemente so denken, daß wir nichts in ihnen voraussetzen, was nicht eben zum Begriffe der Materie gehört, wenn wir sie also bloß auffassen als raumerfüllende Reale, welche beweglich sind und in einander Bewegungen durch ihre Kräfte hervorbringen können, wenn wir uns endlich diese Bewegungen eines oder vieler Elemente noch so sehr variirt oder combinirt denken, so kommt doch niemals der Augenblick, wo wir sagen könnten: jetzt verstehe es sich von selbst, daß diese zuletzt erzeugte Bewegung nicht mehr Bewegung bleiben könne, sondern in Empfindung übergehen müsse. Ein Materialismus daher, der dennoch behauptete, aus bloßen physischen Zuständen oder Bewegungen körperlicher Atome könne das geistige Leben hervorgehen, würde eine völlig leere Annahme sein, und ist auch in dieser Form schwerlich jemals ernstlich aufgestellt worden. Die materialistischen Ansichten, die wirklich Glauben an ihre eigenen Sätze hatten, sind immer von der andern Voraussetzung ausgegangen, die Materie, die wir so nennen, sei wirklich etwas viel besseres, als sie von außen erscheine. Sie enthalte eben selber eine Grundeigenschaft, aus welcher die geistigen Zustände ebenso sich entwickeln könnten, wie aus einer andern Grundeigenschaft, die sie ebenfalls besitze, die physischen Prädicate der Raumerfüllung, der Undurchbringlichkeit u. s. w. Daher entstand die neue Form des Versuchs, aus dem Zusammenwirken dieser psychischen Elementarkräfte aller dieser Theile das geistige Leben eines Geschöpfes ebenso zu erklären, wie sein körperliches Leben aus dem Zusammenwirken der physischen Elementarkräfte seiner Bestandtheile entsteht.

§ 3.

Diese vorläufig nicht undenkbare Ansicht scheitert jedoch daran, daß es ihr unmöglich ist die Entstehung jener Einheit des Bewußtseins zu begreifen, welche eine Thatsache der Erfahrung ist und von welcher deswegen, weil sie sehr räthselhaft ist, man doch nicht willkürlich abstrahiren darf, um dann den Rest des Erfahrungsinhaltes bequemer zu erklären. Wenn man sagt, ebenso wie aus zwei verschiedenen Bewegungen eine einfache Resultante entstehe, der man nichts mehr ansehe von der Zweiheit der Ursachen, aus denen sie entsprang, so könne auch aus einer verbundenen Vielheit psychischer Bewegungen eine vollkommene Einheit des Bewußtseins hervorgehen: so hat man diese Analogie aus der Mechanik nur ungenau ausgedrückt. Eigentlich behauptet sie ja, wenn zwei Bewegungen auf einen und denselben untheilbaren Punkt oder auf dasselbe reale Element einwirken, bringen sie eine einfache Resultante hervor, die dann nicht in der Luft schwebt, sondern nur als Zustand eben desselben einfachen Elementes existirt, auf welches die Componenten einwirkten. So ergänzt, führt diese Analogie gar nicht zu dem, was man wollte, sondern direct zu der gewöhnlichen Ansicht zurück; nämlich die vielen Elemente würden selbst dann, wenn sie psychische Fähigkeit besäßen, die Einheit des Bewußtseins nur erzeugen, wenn es ein untheilbares, einheitliches Element gäbe, in welches alle ihre Einwirkungen einmündeten, und welches durch seine eigene Natur dazu befähigt wäre alle diese Eindrücke in seinem Bewußtsein zu concentriren.

§ 4.

Nennen wir a, b...z die einzelnen Körperelemente, deren jedes zugleich physisch und psychisch begabt sein mag, so fragt sich, welches Resultat in einer gegebenen Zeit die Wechselwirkung aller mit einander haben kann. Wären sie alle gleichartig und unter gleichen Bedingungen, so könnte kaum etwas anderes geschehen, als daß am Ende der Zeit alle sich in dem gleichen Endzustande Z befänden. Wäre dies Z also ein Bewußtsein, so würde dieses und zwar mit demselben Inhalte so viel mal vorhanden sein, als es Elemente gibt, die auf einander wirken. Dagegen eine Einheit des Bewußtseins außer dieser Gleichheit aller Bewußtseinsexemplare würde nicht entstehen. In Wirklichkeit sind indessen die Elemente a, b...z wohl nicht gleichartig, gewiß aber stehen sie in dem Bau des Organismus unter sehr verschiedenen Bedingungen. Einige von ihnen, um ihrer geringeren Natur und ihrer ungünstigen Lage willen, können nur wenige Einwirkungen von außen unmittelbar und lebhaft empfangen, andere, an sich vornehmer oder günstiger placirt, entwickeln ein viel reicheres, alle möglichen Zustände der andern in sich repräsentirendes Bewußtsein. Welches ist nun von diesen vielen ungleichen Beispielen des Bewußtseins das unsrige, das wir durch innere Erfahrung kennen? Natürlich werden wir annehmen, es sei das Bewußtsein des bevorzugtesten Elementes von allen, der Centralmonade unseres Körpers nach Leibniz. Denn wir finden, daß mit den Zuständen unseres Ich die Veränderungen unseres Körpers am unmittelbarsten zusammenhängen und daß sehr wenig in ihm geschieht, was man Grund hätte der Thätigkeit anderer Bewußtseinsmittelpunkte zuzuschreiben.

§ 5.

Hiernach folgt also, daß wir davon auf keine Weise loskommen, das einheitliche und untheilbare Subject unseres Bewußtseins als eine gesonderte Partei für sich anzusehen, während die andere Partei in dem Körper, d. h. in einem Aggregat oder einer geordneten Vielheit von Elementen besteht, welche einzeln genommen vielleicht der Natur der Seele verwandt, aber in keinem Fall mit ihr identisch, sondern verschiedenen Wesens sind. Diese an sich denkbare Annahme eines seelischen Lebens in jedem Körperelement bleibt übrigens für die Erklärung unseres Seelenlebens ganz nutzlos; denn in diese Zustände der Elemente können wir uns niemals hinein versetzen, sie haben Werth für uns bloß, sofern sie als Reize auf unsere Seele wirken und diese zur Erzeugung ihrer inneren Zustände, die uns allein bekannt sind, veranlassen. Deswegen können die materiellen Elemente auch ferner als bloß materielle betrachtet werden. Die andere damit zusammenhängende Annahme, daß ihrerseits die Seele auch physische Eigenschaften habe, verspricht vielleicht Nutzen, allein die gewöhnliche Vorstellungsweise hat sie nicht festgehalten, sondern die Seele als immaterielles Wesen den materiellen Elementen entgegengesetzt und so zunächst die Schwierigkeiten des folgenden Kapitels hervorgebracht.

Zweites Kapitel.
Von der Wechselwirkung zwischen Seele und Körper.

§ 1.

Wenn man die Möglichkeit eines immateriellen Wesens zugibt (worüber später), so pflegt man hinzuzusetzen, dann sei wenigstens eine Wechselwirkung zwischen ihm und dem Körper unmöglich. Der letztere würde an der vergleichsweise schattenhaften Seele keinen Angriffspunkt für seine physischen Kräfte finden; die Seele durch ihre inneren Zustände würde keine bewegende Kraft auf die Massen ausüben; die völlige Unvergleichbarkeit beider hebe also jede Wirkung auf.

§ 2.

Dagegen ist zu erwidern: Wir täuschen uns, wenn wir in irgend einem Falle das Zustandekommen einer Wechselwirkung begreifen zu können glauben, und wenn wir dann das Verhältniß zwischen Leib und Seele als einen unbequemen Ausnahmsfall ansehen, in welchem dies nicht gelinge. Wenn wir das innere Getriebe einer Maschine betrachten und das Ineinandergreifen ihrer Bestandtheile, so glauben wir ihre Wirkung zu verstehen, weil unsere Anschauung hier vielerlei zu sehen bekommen hat. Bei einigem Nachdenken finden wir jedoch, daß wir die beiden Bedingungen nicht verstehen, auf denen alle Maschinenwirkung beruht, nämlich die Cohäsion der festen Theile und die Mittheilung der Bewegung. Worte allerdings kann man viele hierüber machen, aber zuletzt weiß man doch nicht, wie ein Theil eines festen Körpers es macht, um seinen Nachbar bei sich festzuhalten, oder wie er es macht eine Bewegung, in welcher er selbst begriffen ist, aufhören und in einem andern Theile wieder entstehen zu lassen. Was wir also in diesen Fällen wirklich beobachten, ist bloß die äußere Scenerie, in der eine Reihe von Vorgängen abläuft, von denen jeder einzelne mit seinem Nachfolger auf eine völlig unsichtbare und unbegreifliche Weise verbunden ist. In dem Verhältniß zwischen Leib und Seele können wir diese Reihe von Vorgängen nicht ganz so weit verfolgen, wie wir wünschten; aber wenn wir sie z. B. bis zu dem Punkt verfolgen könnten, wo die physischen Erregungen auf die Seele wirken, so würde dieser letzte Uebergang zwar vollständig unanschaulich, aber nicht im mindesten unbegreiflicher sein, als der Uebergang einer Bewegung von einem materiellen Element zum andern.

§ 3.

Der Grund, der die Zweifel, die wir erwähnten, erweckt, ist die falsche, schon im Alterthum häufige Behauptung, nur Gleiches könne auf einander wirken und von einander leiden. Dies zu behaupten kann man bloß versucht sein, wenn man die zu erzeugende Wirkung als einen Zustand ansieht, der in der wirkenden Ursache a schon fertig vorhanden ist und unverändert auf b übertragen werden soll, und deshalb natürlich in b eine ähnliche Behausung wie in a, also überhaupt Vergleichbarkeit des b mit a verlangt. Hiergegen entlehnen wir aus der Metaphysik die Ueberzeugung, daß eine solche Ablösung eines Zustandes von dem, dessen Zustand er ist, und ein Uebergang an ein anderes Subject völlig undenkbar ist. Ueberall besteht das Wirken eines a auf ein b darin, daß nach einer allgemeinen Weltordnung, über die hier nicht zu sprechen ist, ein Zustand α des a für b die zwingende Veranlassung ist, auf welche dieses b aus seiner eigenen Natur einen neuen Zustand β hervorbringt, der im allgemeinen mit dem Zustand α des a gar keine Aehnlichkeit zu haben braucht, wie denn schon die gewöhnlichste Erfahrung lehrt, daß eine und dieselbe Einwirkung α sehr verschiedene Erfolge hat, je nachdem die Objecte b, c, d verschieden sind, auf welche sie trifft. Wir haben daher gar keine Berechtigung Bedingungen aufzustellen, die erfüllt sein müßten, wenn überhaupt ein a auf ein b einwirken soll. Die Gleichheit oder Aehnlichkeit beider gibt der Möglichkeit ihres Wirkens keine größere, ihre Ungleichheit, ja selbst ihre völlige Unvergleichbarkeit, keine geringere Begreiflichkeit oder Wahrscheinlichkeit.

§ 4.

Man verlangt häufig ein Band zwischen Körper und Seele, um die Möglichkeit ihrer Wechselwirkung zu begreifen. Allein Bänder braucht man nur, um das zu vereinigen, was von selbst nicht auf einander wirkt, sondern einander gleichgültig ist. Die bindende Kraft des Bandes aber beruht darauf, daß seine einzelnen Theile an einander haften, und dies kann man nicht immer wieder durch neue Zwischenbänder erklären, sondern es beruht zuletzt auf einer völlig unmittelbaren Wechselwirkung der einzelnen Elemente, die einander ohne irgend eine erdenkbare Zwischenmaschinerie festhalten. Zwischen Körper und Seele würden wir daher ein Band nur brauchen, wenn wir sie als völlig gleichgültig gegen einander ansähen. Hätten wir aber dann ein solches Band, so würde es uns nichts nützen, denn in welchen bestimmten Formen hernach der Leib auf die Seele und sie auf ihn wirkte, würde aus dem leeren Begriff dieses Bandes gar nicht, sondern doch nur aus den specifischen Naturen der beiden verbundenen Elemente und ihrer Verpflichtung zur Wechselwirkung hervorgehen. Anstatt also eines solchen leeren Bandes behaupten wir, daß beide durch sehr viele eigenthümlich gestaltete Bänder verbunden sind. Jede einzelne Wechselwirkung, zu der sie durch ihre Naturen genöthigt sind, ist ein solches Band, welches sie nicht überhaupt, sondern auf bestimmte Weise zusammenhält.

§ 5.

Wir gingen aus von dem Zugeständniß, der Begriff der Seele als eines immateriellen Wesens sei möglich. Nun aber wird eben dies geläugnet. Nur sinnliche Dinge seien durch unmittelbare Beobachtung beglaubigt, übersinnliche stets Producte der Phantasie. Allein nur die anfänglichste Naturansicht glaubte in den sinnlichen Eigenschaften der Farben, des Geschmackes, der Härte ꝛc. unmittelbar das Wesen des erscheinenden Dinges zu erfassen. Jetzt sind wir längst überzeugt, daß alle diese Prädicate nur Erscheinungen sind, die in unserem Bewußtsein auf Anregung eines Aeußeren entstehen. Was dagegen dieses äußere Reelle ist, durch dessen Einwirkung dieselben zu Stande kommen, verrathen sie nicht. Auf wirkliche sinnliche Anschauungen der einfachsten reellen Elemente hat daher die Naturwissenschaft sehr bald verzichtet; allein in ihrem Begriff der Atome hat sie dieselben doch lange formell ähnlich den sinnlich wahrnehmbaren Körpern gedacht, die aus ihren Zusammensetzungen entspringen sollten, nämlich zwar von sehr kleiner, aber doch von irgend einer Ausdehnung, zwar von unbekannter, aber doch von bestimmter Gestalt und dieses kleine Volumen mit völliger Undurchbringlichkeit erfüllend. Mancherlei Schwierigkeiten, in welche dieser Begriff verwickelte, haben auch in der Physik zu dem Versuche geführt, die Atome schlechthin ausdehnungslos oder als Punkte zu fassen, welche sich von leeren Raumpunkten bloß dadurch unterscheiden, daß sie der Mittelpunkt von Kräften sind, die nach außen wirken, so wie der reelle Angriffspunkt für Kräfte, die von außen kommen. Ein solcher Gedanke heißt gar nichts anderes, als dies, daß auch die Atome an sich übersinnliche Wesen sind, d. h. solche, die nicht bloß wegen ihrer Kleinheit thatsächlich unserer, sondern um ihrer Natur willen jeder sinnlichen Wahrnehmung vollkommen unzugänglich sind, und daß alle die sinnlichen Anschauungen, welche uns zuerst geradezu das Reale selbst darzustellen schienen, bloß secundäre Erscheinungen sind, in denen uns das Resultat der Wechselwirkungen an sich ganz übersinnlicher Elemente zur Wahrnehmung kommt. Mithin ist nicht der Begriff des immateriellen, sondern der des materiellen Wesens zu beanstanden, und die Kluft besteht gar nicht, die uns anfänglich Körper und Seele als zwei völlig heterogene Elemente zu trennen und ihre Wechselwirkung unmöglich zu machen schien.

Drittes Kapitel.
Vom Sitze der Seele.

§ 1.

Ein immaterielles Wesen kann im Raume keine Ausdehnung, wohl aber einen Ort haben, und wir definiren diesen als den Punkt, bis zu welchem alle Einwirkungen von außen sich fortpflanzen müssen, um Eindruck auf dies Wesen zu machen, und von welchem aus dies Wesen ganz allein unmittelbare Wirkungen auf seine Umgebung ausübt. In Betreff der Seele zweifelt niemand, daß sie nur innerhalb seines eigenen Körpers vorhanden sei, denn nur hier wirkt sie unmittelbar, auf die ganze Außenwelt aber nur durch Vermittelung des Körpers.

§ 2.

Das Raumverhältniß der Seele nun zu dem Körper hat man zuerst nach Analogie unserer Vorstellungen über die Allgegenwart Gottes zu denken gesucht. Wir meinen damit, daß Gott jedem Punkte der Welt mit seiner unmittelbaren Wirksamkeit gleich nahe ist wie jedem andern, daß folglich sein Wille weder irgend einen Weg zurücklegen muß, um zu einem Weltelement z zu kommen, noch irgend eines Zwischenmittels bedarf, um diesen auf z zu übertragen. Keineswegs aber meinen wir damit, daß die unendliche Ausdehnung des Schauplatzes, den Gott so beherrscht, ihm selbst als räumliche Eigenschaft zukomme. Ebenso soll nun die Seele, ohne selbst eine Raumgröße zu sein, in ihrem Körper überall gegenwärtig sein. Diese Analogie aber ist ganz unbrauchbar. Wir haben schon namentlich bei Gelegenheit der doppelten Berührungsgefühle gesehen, durch wie complicirte Mittel es der Natur gelingt, diese zur Schönheit unseres Lebens unerläßliche Täuschung hervorzubringen, als wären wir unmittelbar empfindend und bewegend in jedem Theil unseres Körpers vorhanden. Dagegen zeigen die physiologischen Experimente, daß die Seele durchaus nur mit den Centralorganen des Nervensystems in unmittelbarer Wechselwirkung steht, mit dem ganzen übrigen Körper nur mittelbar durch die Nerven selbst.

§ 3.

Von einer physischen Kraft pflegen wir auch anzunehmen, daß sie unmittelbar ohne einen Zwischenmechanismus in alle unendlichen Fernen wirkt. Sie thut es aber abgestuft, indem die Intensität ihres Wirkens mit der Entfernung abnimmt. Um des ersten Umstandes willen könnten wir von dem Körper, welcher der Träger der Kraft ist, wieder sagen, er sei im Raume überall; um des zweiten willen schreiben wir ihm doch einen beschränkten Sitz im Raume zu, nämlich da, wo seine Wirkung am größten ist. Auch diese Analogie ist ganz unanwendbar. Die kleinste Continuitätstrennung eines Nerven selbst in der größten Nähe des Gehirns hebt die Wechselwirkung der Seele mit dem Ausbreitungsgebiete desselben auf. Sie hat also keine in die Ferne wirkende Kraft, welche über diese Trennung hinaus sich erstrecken könnte. Es bleibt uns also bloß die dritte Analogie, nämlich die von Wirkungen, die in der Berührung durch Mittheilung von Bewegungen erfolgen.

§ 4.

Dieser Analogie ist man meistens gefolgt und hat einen solchen Punkt der Centralorgane gesucht, in welchem sich alle sensibeln Nerven vereinigen, um dort ihre Botschaften abzugeben, und von welchem alle motorischen Nerven entspringen, um die dort empfangenen Anregungen auf den Körper überzuleiten. Diese Vorstellung hat gewisse innere Schwierigkeiten, hauptsächlich aber stimmt sie gar nicht mit unseren empirischen Kenntnissen. Man hat nicht bloß einen solchen Schlußpunkt des ganzen Nervengewölbes bisher nicht aufgefunden, sondern auch die gegründetste Ursache zu der Behauptung, daß man ihn niemals finden werde. Es fragt sich nun, wie wir unter diesen Umständen noch den Begriff eines Seelensitzes aufrecht erhalten können.

§ 5.

Wir kehren zurück zu unserer ursprünglichen Definition eines solchen Sitzes, interpretiren sie aber noch weiter durch Folgendes: Wir irren uns, wenn wir sagen, zuerst sei ein Wesen an einem Orte und in Folge dessen könne es auf die Umgebung desselben wirken. So lange wir von diesen Wirkungen noch absehen, ist gar nicht klar zu machen, worin das Sein an diesem Orte eigentlich für das Ding bestehe, und wodurch es sich unterscheide von dem Sein an einem andern Orte, an welchem sich das Ding gerade so gut befinden würde, wie an diesem. Wir glauben vielmehr die Ordnung der Gedanken umkehren und sagen zu müssen: Wenn es in der Natur eines Wesens a liegt, Wechselwirkungen mit b c d überhaupt auszutauschen, so ist hierdurch sein systematischer Ort im Zusammenhang der Dinge bestimmt, und in der räumlichen Anordnung der Welt ist es derjenige Punkt, dessen unmittelbare Umgebung b c und d bilden. Nun kann überhaupt der Zusammenhang aller Dinge so vielseitig sein, daß ein Element a nicht bloß die Bestimmung hat mit der Gruppe b, c, d, sondern auch ebenso unmittelbar mit einer andern p, q und r in Wechselwirkung zu treten, während doch p q r um anderweitiger Beziehungen willen seinen systematischen Ort nicht bei b c d und also seinen räumlichen Ort nicht in dessen Nachbarschaft, sondern von ihm getrennt durch Entfernung besitzt. In diesem Falle wird das wirksame Element a nicht einen, sondern mit ganz gleichem Recht mehrere räumliche Orte haben, ohne deshalb selbst in eine Mehrheit zu zerfallen, gerade so wie wir uns Gott überall gegenwärtig, aber doch an sich selbst nicht ausgedehnt dachten. Die Allgegenwart freilich umfaßte allen Raum, hier dagegen müßten wir noch besonders verlangen, daß dem immateriellen Wesen mehrere im Raume getrennte Sitze zugeschrieben würden, welche von einander durch Zwischenräume getrennt wären, in denen seine Gegenwart nicht in derselben Weise stattfände. Allein hierin liegt keine eigentliche Schwierigkeit. Wir haben bloß den gewöhnlichen Hang unserer Einbildungskraft zu überwinden, welcher das immaterielle Wesen doch wieder nach dem Modell eines körperlichen Atoms auffassen und ihm deswegen eine anschauliche, abgeschlossene Größe und Gestalt und damit auch nur einen Ort im Raume zuschreiben möchte.

§ 6.

Die Frage bleibt übrig, warum denn einzelne Partien des Gehirns den Vorzug haben sollen Sitze der Seele zu sein, andre dagegen nicht, obgleich doch, so weit wir wissen, bedeutende Unterschiede der Structur oder Mischung nicht stattfinden. Auch hier müssen wir eine gewohnte Vorstellung ändern. Ein Element a ist nicht dazu bestimmt, mit einer gewissen andern Sorte von Elementen b ein für allemal in Wechselwirkung zu stehen, mit einer dritten Sorte c nicht; vielmehr interessirt sich jedes Wesen a oder wird zum Wirken angeregt lediglich durch das, was in andern Wesen geschieht. Ist dieses geschehende X nach dem Plane der ganzen Weltordnung die bedingende Prämisse, aus der in a ein neuer Zustand entstehen soll, so entsteht er auch, und dann erfährt a den Einfluß dieses X, gleichviel ob dies in b oder c zu Stande kam. Ist dagegen X diese Prämisse nicht, so bleibt a gleichgültig und unverändert, mag nun X in einem b oder in einem c stattfinden. Ganz ebenso wird nun die Seele nur mit denjenigen Punkten der Centralorgane in Wechselwirkung treten, in denen alle die Combinationen, Ausgleichungen und Verarbeitungen der physischen Erregungen ausgeführt sind, nach deren Vollendung diese überhaupt erst zur Cognition der Seele kommen oder legitime Anreize zur Thätigkeit derselben werden sollen.

§ 7.

Wenn also Jemand das, was im Innern des Gehirns vorgeht, mikroskopisch ebenso genau beobachten könnte, wie die anatomische

Structur sich beobachten läßt, so würde äußerlich alles gerade so aussehen, wie es der Materialismus behauptet, nämlich an verschiedenen Punkten des Gehirns würden sich auf Veranlassung der dort verlaufenden physischen Vorgänge einzelne psychische Vorgänge einfinden, und nirgends würde ein einheitliches Wesen der Seele sich als Gegenstand einer solchen Anschauung vorfinden. Allein die Interpretation, die der Materialismus von diesem Thatbestande gibt, theilen wir nicht. Diese psychischen Functionen entstehen nicht als eine selbstverständliche Zugabe oder als Product aus jenen physischen Vorgängen, sie sind immer nur möglich, wenn wir diese letzteren als bloße Reize auffassen, die auf die eigenthümliche Natur des hier überall gegenwärtigen und an einen punktförmigen Sitz nicht gebundenen Seelenwesens einwirken und es zur Ausübung seiner eigenen Fähigkeiten veranlassen.

Viertes Kapitel.
Von den Zeitverhältnissen der Seele.

§ 1.

Bloße Erfahrung könnte uns nur auf den Gedanken bringen, die Seele entstehe mit dem Körper und gehe mit ihm zu Grunde. Ganz andere Bedürfnisse, die dieser theoretischen Untersuchung fremd sind, haben den Wunsch erregt ihre Unsterblichkeit zu sichern, und man hat dies versucht durch ihre Unterordnung unter den Begriff einer Substanz, der an sich schon das Prädicat der Unzerstörbarkeit enthalte. Diese Unterordnung führt zuerst zu zwei unbequemen Folgerungen, denen man gern entgehen möchte. Nämlich die Gründe, um deren willen die menschliche Seele dem Begriff der Substanz untergeordnet werden könnte, würden auch für jede einzelne Thierseele gültig sein. Andrerseits würde die Unzerstörbarkeit nicht bloß

Unsterblichkeit nach dem Tode, sondern auch unendliche Präexistenz vor diesem Leben einschließen; und damit wissen wir weder etwas anzufangen, noch gibt es in unserer Erfahrung irgend ein Zeugniß für ein solches Vorleben. Endlich aber würde sich fragen, wenn der Begriff der Substanz eine solche Unaufheblichkeit einschließt, ob er dann überhaupt brauchbar und nicht ein bloßes Hirngespinst ist und ob im ersten Fall gerade die Seele zu dem gehört, was ihm untergeordnet werden muß..

§ 2.

Nun ist in der That Substanz nichts als ein Titel, der allem demjenigen zukommt, was auf anderes zu wirken, von anderem zu leiden, verschiedene Zustände zu erfahren und in dem Wechsel derselben sich als bleibende Einheit zu bethätigen vermag. Dagegen ist es ein Hirngespinst zu glauben, man könne noch weitere Aufklärungen darüber finden, wie die Fähigkeit zu einem solchen Verhalten zu Stande gebracht wird, und diese Aufklärung darin zu suchen, daß man in jedem Dinge ein Stückchen starrer und unzerstörbarer Substanz enthalten denkt, um welchen festen Kern sich dann alle die übrigen Eigenschaften oder Zustände gruppiren, durch welche sich ein solches Ding von dem anderen unterscheidet. Versucht man einen solchen Begriff wirklich zu benutzen, so zeigt er sich stets völlig unfruchtbar zur Erklärung der Erscheinungen, um deren willen man ihn annahm. Es läßt sich nicht zeigen, wie ein solcher substantieller Kern mit der Mannigfaltigkeit und der Veränderlichkeit der Eigenschaften zusammenhängen könnte, von denen man auch wieder bloß mit einem Worte ohne Sinn behauptet, daß sie ihm „inhäriren". Kurz also: die Dinge sind nicht Dinge dadurch, daß in ihnen eine Substanz verborgen ist, sondern, weil sie so sind, wie sie sind und sich so verhalten, wie sie sich verhalten, bringen sie für unsere Phantasie den falschen Schein hervor, als läge in ihnen eine solche Substanz als Grund ihres Verhaltens.

Die Seele nun, so lange sie sich als einheitliches Subject ihrer inneren Zustände nicht bloß anderen darstellt, sondern sich selbst dessen bewußt ist, verdient im vollsten Maße diesen Titel einer Substanz oder eines Wesens. Dagegen berechtigt uns gar nichts zu der Behauptung: eben diese Fähigkeit, wenn sie einmal ausgeübt wird, müsse dann ewig ausgeübt werden, und könne nicht im Laufe der Dinge entstanden sein oder wieder vergehen.

§ 3.

Zur Entscheidung hierüber entlehnen wir der Metaphysik eine Ueberzeugung, welche im Gegensatz zu den Vorstellungen steht, an welche uns die Naturforschung gewöhnt hat. Denn die letztere glaubt, der Weltlauf lasse sich erklären durch die Annahme einer Vielheit ursprünglicher Elemente, die so von einander unabhängig wären, daß jedes einzelne dasein könnte, auch wenn alle anderen nicht wären, die ferner an sich gar keine nothwendige Beziehung auf einander hätten, thatsächlich aber entweder später in solche Beziehungen geriethen oder auch von jeher in ihnen gestanden hätten, und die endlich durch allgemeine Gesetze gezwungen würden in dieser Beziehung diese, in einer anderen eine andere Wechselwirkung auszuüben. Dagegen behaupten wir kurz: gar keine Einwirkung eines Elements auf ein anderes ist wirklich ohne Widerspruch denkbar, so lange diese Elemente als ursprünglich von einander unabhängige und gegen einander beziehungslose gedacht werden; sie ist nur möglich, wenn wir sie alle nur als unselbständige, stets auf einander bezogene Modificationen eines einzigen wahrhaft seienden Wesens betrachten, welches in ihnen allen der Grund ihrer Existenz, ferner der Grund, um deswillen sie unter bestimmten Bedingungen bestimmtes wirken müssen, und endlich auch der Grund davon ist, daß diese vorgeschriebenen Pflichten zur Ausführung kommen können. Oder anders ausgedrückt: alle Dinge sind das, was sie sind, und leisten das, was sie leisten, nicht vermöge eines Rechtes ihrer

Natur, das ihnen vor aller Welt zukäme, sodaß später die Welt sich danach richten müßte und nur das verwirklichen könnte, was diese Privilegien erlauben. Sie sind und leisten vielmehr alles nur im Auftrage dieses Einen wahrhaften Wesens, und alles, was wir gewöhnlich als letzte unveränderliche Elemente und Gesetze des Weltlaufs ansehen, hat diese Unveränderlichkeit und diesen Werth auch nur im Auftrag des Plans, zu dessen Verwirklichung es dienen soll.

§ 4.

Erfunden ist diese Auffassung nicht erst zu Gunsten unserer jetzigen Frage; sie ist vielmehr nothwendig, um auch nur die ärmlichste Wirkung eines Elementes auf ein anderes zu begreifen; aber eine Anwendung auf unsern Fall läßt sie zu. Es mag eben in dem Plane der Wirklichkeit liegen, daß alle ihre wechselnden Erscheinungen durch Combinationen unveränderlicher Elemente und nach Maßgabe allgemeiner Gesetze bestritten werden. Daher gibt es in der Welt diese constanten Massen, deren Wirksamkeit immer in gleicher Weise erfolgt, und die nichts anderes sind als von jenem einzigen Seienden beständig unterhaltene oder ausgeübte Actionen. Aber ebenso kann es in jenem Plane liegen, daß andere Elemente nur in bestimmten Zeitpunkten des Weltlaufs auftreten, nämlich dann, wenn alle die Vorbedingungen verwirklicht sind, die nach dem Plan des Ganzen ihre Existenz begründen können. Nichts aber verhindert, daß auch diese Elemente, wenn sie entstanden sind, sich als einheitliche, untheilbare und selbständige Mittelpunkte aus- und eingehender Wirkungen verhalten. Zu diesen Elementen rechnen wir die Seele. Eine weitere Frage aber, wie diese ihre Selbständigkeit zu Stande gebracht werde, weisen wir als völlig verkehrt zurück. Wir würden ebenso wenig angeben können, wie es zugeht oder gemacht wird, daß eines jener constanten Massenelemente da sein und sich ewig erhalten kann.

§ 5.

An dem Ort und in dem Augenblicke, wo sich im Zusammenhang des physischen Naturlaufs der Keim eines organischen Wesens bildet, ist diese Thatsache der Reiz oder Beweggrund, der jenes allumfassende, nicht anderwärts, sondern auch hier vorhandene Wesen dazu veranlaßt, aus sich selbst als consequente Ergänzung zu dieser physischen Thatsache die zu diesem Organismus gehörige Seele hinzu zu erzeugen. Aeußerlich angesehen hat daher der Materialismus auch hier Recht: nämlich in und mit dem Körper, aber freilich nicht aus ihm und durch ihn entsteht auch die Seele. Und alle Fragen sind unnütz über die Art, wie sie etwa von außen her mit dem Körper zusammenkommt. Was dagegen die Unsterblichkeit betrifft, so ist sie gar kein Gegenstand theoretischer Entscheidung. Für allgemein gültig halten wir nur den Grundsatz: alles, was einmal entstanden ist, werde ewig fortdauern, sobald es für den Zusammenhang der Welt einen unveränderlichen Werth hat; aber es werde selbstverständlich wieder aufhören zu sein, wenn dies nicht der Fall ist. Allein dieser Grundsatz ist in u n s e r e n Händen ganz unanwendbar: wir können uns nicht vermessen zu sagen, worin die Verdienste bestehen könnten, die diese Dauer rechtfertigen, oder worin der Mangel, der sie unmöglich macht.

Fünftes Kapitel.
Von dem Wesen der Seele.

§ 1.

Die Frage nach dem Wesen eines Dinges kann wissen wollen erstens: wodurch dies Ding sich von anderen unterscheidet; zweitens: wie es dem so gezeichneten Inhalt möglich ist als reales Ding zu existiren. Die zweite Frage läßt sich bei Gegenständen beantworten, deren unterscheidender Charakter nur in der Formung eines schon vorher existirenden Stoffes besteht; dann pflegen wir eben diesen Stoff als das Wesen und jene Form nur als unwesentlich zu betrachten. Aber einfache Stoffe selbst, wie überhaupt jedes einfache Wesen — es kann doch nicht immer fort alles aus etwas anderem bestehen, als es selbst ist. Anzugeben dagegen, wie es gemacht wird, daß irgend ein Inhalt als Ding sein, leiden und wirken kann, haben wir schon öfter als unbeantwortbare Frage zurückgewiesen. Mithin kann nur davon die Rede sein, durch welchen eigenthümlichen Charakter, der ihr Wesen bildet, sich die Seele von anderen Substanzen unterscheidet.

§ 2.

Kennen lernen kann man die Natur jedes Dinges, auch der Materie, nur aus seinen Leistungen und Wirkungen. Es ist daher kein Fehler, sondern das natürlichste Verfahren der Psychologie, auf diese Weise rückwärts die Natur der Seele zu bestimmen.

Der erste systematische Versuch dazu, die Lehre von den Seelenvermögen, ist allerdings erfolglos geblieben. Man classificirte die vielen psychischen Leistungen nach ihrer Aehnlichkeit, und hatte dann freilich Recht, für jede solche Gruppe wirklich ausgeführter Leistungen auch ein Vermögen dazu anzunehmen. Allein dieser Begriff war nicht so fruchtbar, als der der Kraft für die Physik; denn von Kraft spricht der Physiker ernstlich erst dann, wenn er nicht bloß eine Form der Wirkung, sondern auch ein Gesetz angeben kann, nach welchem sich die Größe derselben gemäß der Veränderung gewisser Bedingungen ändert. Die Seelenvermögen dagegen waren bloß von der Form der Leistungen abstrahirt, und man kannte kein Gesetz für sie, und kam daher bloß zu den Tautologien, daß z. B. das Empfindungsvermögen Empfindungen producirt, wußte aber nicht, unter welchen Bedingungen welche. Andrerseits ist die Physik nur soweit vollendet, als es möglich ist, alle Naturprocesse auf bloße Bewegungen von Massen zu reduciren. Durch diese Gleichartigkeit des Geschehens ist es möglich, genau das Resultat zu bestimmen, welches aus dem gleichzeitigen Zusammenwirken verschiedener Kräfte an demselben Object entsteht. Dagegen die psychischen Zustände konnte man auf kein solches gemeinsames Maß zurückbringen. Was daher entstehen muß, wenn ein Act des Gefühlsvermögens mit einem Act des Vorstellungsvermögens zusammentrifft, ließ sich aus dieser Theorie gar nicht ahnen. Was man darüber weiß, weiß man unabhängig von ihr aus Erfahrung und Menschenkenntniß. Diese beiden Mängel sind durch keine bessere Ausführung dieser Theorie zu beseitigen. Sie kann daher nur als eine übersichtliche Katalogisirung der geistigen Leistungen, aber nicht als Erklärung gelten.

§ 3.

Die Unfruchtbarkeit dieser Lehre und die geringe Rechenschaft, welche sie über den Zusammenhang der verschiedenen Vermögen gab, die sie doch immer als Aeußerungen einer einheitlichen Seele ansah, veranlaßten Herbart zu dem Versuche alle geistigen Thätigkeiten und alle diese Vermögen als eine Reihe von Folgen nachzuweisen, welche aus einer einzigen Urthätigkeit der Seele nach und nach entspringen.

Die Seele sei eines jener übersinnlichen realen Wesen von völlig einfacher Qualität, welche für sich allein gelassen immer unbewegt sich gleich bleiben, dagegen Thätigkeiten der Selbsterhaltung ausüben, sobald sie äußern Reizen ausgesetzt sind, deren Einwirkungen, wenn sie stattfänden, eine Störung ihrer Natur verursachen würden. Und zwar sind diese Selbsterhaltungen der Art nach verschieden, je nachdem die Störungen verschieden sind, durch die sie veranlaßt werden. Von den übrigen realen Wesen, z. B. denen, die auch der Materie zu Grunde liegen, können wir nicht wissen, worin eigentlich ihre Selbsterhaltungen bestehen. Von der Seele dagegen wissen wir, oder glauben es annehmen zu dürfen, daß sie allgemein von der Form der Vorstellung sind. Durch physische Reize, deren Einwirkung Herbart nicht weiter verfolgt, werden der Seele diese Veranlassungen zur Selbsterhaltung gegeben, und die hier entstehenden

Vorstellungen, d. h. einfachen Empfindungen einer bestimmten Farbe, eines Tones, eines Geschmackes, sind nun die einfachen Elemente, aus deren weiterer Wechselwirkung die Gesammtheit des übrigen Seelenlebens entstehen soll.

Mit Dank erwähnen wir hier bloß die früher erwähnten Aufklärungen, welche durch diese Ansicht der Verlauf der Vorstellungen nach allgemeinen mechanischen Gesetzen erfahren hat. Dagegen dem Versuche können wir nicht beistimmen, ohne Voraussetzung irgend welcher bis hierher nicht zur Aeußerung gekommenen Vermögen der Seele alle ihre höheren Thätigkeiten als selbstverständliche mechanische Producte dieses Vorstellungslaufes abzuleiten. Nothwendig war überhaupt dieser Grundsatz nicht; denn Herbart selbst gestand zu, daß schon die einfachen Empfindungen in ganz verschiedene Klassen, Farben, Töne, Geschmäcke, zerfallen, deren keine aus der andern ableitbar ist; daß also die Seele wirklich ganz verschiedene Vermögen besitzt, die wir aus ihrer Einheit, an der wir gewiß festhalten, dennoch nicht wirklich ableiten können. Nichts hätte also verhindert anzunehmen, daß auch diese einfachen Empfindungen und ihre Verhältnisse unter einander als neue Reize auf die ganze Seele einwirkten und dann in ihr ganz neue Rückwirkungen hervorriefen, die man aus diesen Veranlassungen allein keineswegs würde ableiten können. Eine solche Annahme wäre bloß zu widerlegen durch den Nachweis, daß sie unnöthig ist, und daß wirklich alle höheren geistigen Leistungen ganz selbstverständliche Folgen aus dem Gegeneinandertreiben der einfachen Vorstellungen sind. Dieser Nachweis ist nicht gelungen, worüber nur an folgende Beispiele erinnert sein mag.

§ 4.

Wir fanden schon früher unmöglich, daß eine Seele, die nur vorstellendes Wesen wäre, die Verhältnisse zwischen ihren Vorstellungen anders auffassen sollte, als sie sind, also als räumliche, während sie unräumlich sind. Thut sie es dennoch, so fügt sie offenbar aus ihrer eigenen Natur zu diesem Thatbestand etwas Neues hinzu, was aus ihm selbst nicht folgt. Ebenso unmöglich war es, die Aufmerksamkeit als bloße Stärke der Vorstellung selbst anzusehen; es fehlte dann ganz das Subject, welches alle die beziehenden Thätigkeiten ausübt, in denen jede wirkliche Leistung der Aufmerksamkeit besteht. Wir finden es jetzt ebenso unmöglich, Gefühle der Lust oder Unlust als selbstverständliche Folgen der verschiedenen Lagen anzusehen, in welche die Vorstellungen während ihres Verlaufs zu einander kommen können. Wäre die Seele nur vorstellendes Wesen, so würde sie alle diese Thatsachen, selbst wenn sie ihr eigenes Verderben enthielten, nur genau und gleichgültig vorstellen. Daß sie ein Interesse daran nimmt, ist eine neue Thatsache, die aus einer andern Eigenthümlichkeit ihres Wesens fließen muß. Endlich wird man Niemanden überreden, das, was wir meinen, wenn wir sagen „ich will", bedeute gar nichts anderes, als das Aufsteigen einer Vorstellung im Bewußtsein im Kampf mit Kräften, welche sie zu hindern suchen. Wie dunkel und geheimnißvoll auch das andre ist, was wir mit jenem Ausdruck meinen, nämlich daß hier nicht ein bloßes Geschehen, sondern eine That vorliege, die von uns als dem einheitlichen Subject unserer ganzen Vorstellungswelt ausgeübt wird, so kann man doch die Thatsache selbst, die wir so bezeichnen und in unmittelbarer innerer Erfahrung vorfinden, nicht durch diese Hypothese hinwegräumen, welche durchaus nicht erklärt, wie auch nur der Schein einer solchen Handlung, im Gegensatz zu bloßem Geschehen, für uns entstehen kann.

Wir schließen daher mit der Ueberzeugung: es war möglich und nothwendig, dem einheitlichen Wesen der Seele viel mehr zuzutrauen, als die bloße Fähigkeit zum Vorstellen; und eben diese Selbsterhaltungen erster Ordnung, die in Folge äußerer Reize als Vorstellungen entstanden, konnten später durch ihre Verhältnisse und Verknüpfungen zu neuen inneren Reizen werden, durch welche die vorher nicht in Anspruch genommenen andern Leistungsfähigkeiten der Seele zur Aeußerung veranlaßt werden.

§ 5.

Man würde es also aufgeben müssen die Entstehung der höheren geistigen Leistungen aus den niedern zu begreifen. An die Stelle einer solchen mechanischen Construction ließe sich aber eine andere Auffassung setzen, welche zeigte, daß die Gesammtheit der geistigen Aeußerungen, mögen sie nun entstehen wie sie wollen, jedenfalls zu einander passend und sämmtlich nothwendig sind, damit diejenige Idee, welche die Bestimmung der Seele ausdrückt, vollständig verwirklicht werde. Diesen Versuch machten die idealistischen Systeme, zuletzt das Hegel's.

Die Welt überhaupt sei keine bloße Thatsache, sondern habe auch einen Sinn. In diesem Ganzen habe jedes Einzelne seine bestimmte Stelle, und das Wesen jedes Dinges bestehe eigentlich nur in der partiellen Idee, deren Verwirklichung ihm aufgetragen ist, und durch welche es das Seinige zu der lückenlosen Erfüllung der höchsten oder totalen Idee der Welt beiträgt. Könnten wir nun für diese höchste Idee einen genauen und erschöpfenden Ausdruck formuliren, so würden wir aus ihm die Gestalt jedes Dinges, die Gesammtheit der ihm nothwendigen Fähigkeiten, endlich die allgemeinen Gesetze ableiten können, nach denen diese wirken müssen, um jene Bestimmung zu erreichen.

Da aber jene Voraussetzung unerfüllbar ist, so kann anstatt einer wissenschaftlichen, für Beweis und Gegenbeweis zugänglichen Ableitung nur eine solche stattfinden, welche mit mehr oder minder Geschmack, größerer oder geringerer ästhetischer Gerechtigkeit die einzelnen geistigen Thätigkeiten mit einem mehr oder minder tiefsinnig gefaßten Ausdruck, den man für jene höchste Idee glaubt gefunden zu haben, in Zusammenhang setzt. Die geistreichen Auffassungen, die bei alledem auch so noch möglich sind und auch nicht gefehlt haben, sind außerdem durch einen historischen Umstand einseitig geworden. Die Frage nach der Art und Wahrheit unserer Erkenntniß oder nach dem Verhältniß zwischen Subject und Object hatte so sehr alle Aufmerksamkeit gefesselt, daß der Vorgang, durch welchen das Seiende dazu kommt sich selbst zu erfassen, d. h. die Entwicklung des Selbstbewußtseins, für das eigentliche Ziel oder für den letzten Inhalt der ganzen Weltordnung gehalten wurde. Nun erschien auch die Seele nur dazu bestimmt, diese Aufgabe der Selbstbespiegelung innerhalb des irdischen Lebens aufzulösen; und die verschiedenen Formen, in denen diese Aufgabe der reinen Intelligenz stufenweis immer mehr gelöst wird, nahmen ziemlich allen Platz in der Psychologie ein. Der Inhalt dessen aber, was empfunden, angeschaut oder begriffen wird, trat ebensosehr dagegen zurück, wie das ganze übrige Seelenleben der Gefühle und Bestrebungen, die selbst wieder bloß so weit in Betracht kamen, als sie auch zu jener formellen Aufgabe der Selbstobjectivirung in Bezug gesetzt werden konnten.

Sechstes Kapitel.
Von den veränderlichen Zuständen der Seele.

§ 1.

Das Leben der Seele besteht nicht in dem einförmigen Besitze, sondern in der veränderlichen Ausübung ihrer Fähigkeiten. Hierin finden wir sie in deutlicher Abhängigkeit vom Körper, haben aber meistens nur bei Gelegenheit bestimmter Störungen des Körpers die Möglichkeit, diese Abhängigkeit genauer zu bestimmen. Es lassen aber die Beobachtungen, die man darüber machen kann, drei Interpretationen übrig.

Es kann zuerst ein zerstörtes Organ die hervorbringende Ursache der geistigen Function gewesen sein, die nach seiner Zerstörung unmöglich wird. Es kann zweitens dieses Organ der ausschließliche Vermittler derjenigen Reize gewesen sein, deren die Seele bedarf, um zur Ausübung einer übrigens nur aus ihrer Natur begreiflichen Function veranlaßt zu werden. Es kann endlich drittens die Störung des Organs entweder unmittelbar oder vermöge der Veränderung, die sie in andern Organen nach sich zieht, eine positive Wirkung, aber von hemmender Art, auf die Seele ausüben und hierdurch die Aeußerung einer Fähigkeit, die an sich selber fortbesteht, eine Zeit lang verhindern.

Nur die erste dieser Interpretationen würde uns an sich unzulässig scheinen wegen der Unmöglichkeit psychische Functionen als selbstverständliche Producte physischer Processe zu begreifen. Wollte man aber beide nur als thatsächlich verbunden verstanden wissen, so wird dann in jedem Einzelfalle eine der beiden andern Interpretationen ohnehin nöthig sein; nur diese würden also weiter zu prüfen sein.

§ 2.

Verstehen wir unter Bewußtsein das, was wir noch deutlicher unseren wachen Zustand nennen, so fragt es sich zuerst, worauf sein Gegensatz, nämlich die Bewußtlosigkeit, beruht, deren erstes Beispiel der normale Schlaf ist. In Bezug auf diesen nun ist wohl deutlich, daß im allgemeinen beide Erklärungsweisen zulässig sind, daß aber doch der Eintritt des Schlafes und die Möglichkeit seiner Unterbrechung nicht für eine Erschöpfung der Nervenkräfte spricht, welche nun die nöthigen Reize zur Unterhaltung des Wachens nicht mehr liefern könnten, sondern mehr für eine positive Hemmung, in allerhand kleinen, aber sich summirenden Gefühlen der Müdigkeit bestehend, welche das Interesse der Seele an der Fortführung des Gedankenlebens vermindern und eben durch diese Hingebung der Seele an sie in ihrer Wirksamkeit gesteigert werden.

Plötzliche Bewußtlosigkeit aus Schrecken scheint auf gleiche Weise zu entstehen. Als bloß physischer Reiz betrachtet, ist der schreckliche Anblick oder die gehörte Nachricht sehr unbedeutend und unschädlich. Erst unsere Reflexion, welche die Bedeutung davon im ganzen Zu-

sammenhang unseres Lebens überlegt, gibt dem Wahrgenommenen
diesen schreckhaften Werth. Von da aus kann unmittelbar der Verlauf unserer geistigen Functionen gestört werden, und die darauf folgende körperliche Ohnmacht nur die Rückwirkung dieser psychischen
Störungen sein. Auch die Bewußtlosigkeit in Krankheiten oder
nach Verletzungen des Gehirns schließt diese Auffassung nicht
ganz aus. Zum Theil werden die hemmenden Einflüsse noch in Gestalt von Schmerzen bemerkbar, nothwendig ist dies aber nicht. So
wie wir von den Zuständen, die in unsern Nerven der Empfindung
vorangehen, gar nichts bemerken, sondern nur die letztere selbst im
Bewußtsein auftritt, so kann auch das Bewußtsein schwinden, ohne
daß die Arbeit der Kräfte, die es hemmten, vorher noch Gegenstand
der Wahrnehmung zu werden braucht.

§ 3.

Vielfach ist in neuerer Zeit der Wirksamkeit gewisser Reize zur
Aufrechterhaltung des wachen Zustands oder ihres Mangels zur
Herbeiführung der Bewußtlosigkeit gedacht worden. Aus den hypnotischen Versuchen schließt man, daß durch vollständiges Abschließen
äußerer Sinnesreize und durch Unmöglichmachen der Bewegungen
die ganze geistige Bewegung so herabgesetzt werde, daß der wache
Zustand sich nicht erhalten kann, sondern vollständige Bewußtlosigkeit eintritt; ein Vorgang, der in wenigen Fällen auch bei Menschen
beobachtet ist, hier aber sichere Schlüsse nicht zuläßt. Uebrigens
wissen wir, daß dann, wenn eine innere Bewegung der Gedanken,
die durch irgend ein Interesse unterhalten wird, nicht stattfindet,
also in Zuständen der Langweile, auch die Einwirkung der äußeren
Reize, die doch hier wirklich stattfindet, das Einschlafen nicht verhütet. Auch positive Einwirkungen sind bekannt, welche uns zum
Einschlafen disponiren, eine Menge regelmäßig wiederkehrender rhythmischer Bewegungen des Körpers, das Wiegen, Streicheln, Kämmen,
der dauernde Anblick großer beleuchteter einförmiger Flächen, die

Convergenz der Augenaxen beim Schielen u. s. w. Endlich gehören dazu die Manipulationen des Magnetiseurs. Allein alle diese Mittel sind um deswillen unbeurtheilbar, weil die Fälle ihrer Unwirksamkeit außerordentlich häufig sind und folglich eine noch unbekannte Mitbedingung ihres Erfolges voraussetzen lassen. In allen Fällen aber ist uns höchstens dies äußere Mittel einerseits und sein Effect andrerseits bekannt, aber ganz dunkel die Zwischenvorgänge, die diesen mit jenem verknüpfen.

§ 4.

Wenn das Minimum des wachen Zustandes, nämlich die Empfindung äußerer Eindrücke, vorhanden ist, so braucht deswegen nicht nothwendig auch die nächst höhere Thätigkeit, nämlich das Bewußtwerden der Beziehungen zwischen den einzelnen Eindrücken damit verbunden zu sein.. Daß im ganz gewöhnlichen Leben diese Handlung oft fehlt, dann z. B., wenn sie einer Gedankenreihe fremd sind, die wir mit Aufmerksamkeit verfolgen, oder dann, wenn unser Gemüth in leidenschaftlicher Bewegung ist, ist bekannt. Es gibt jedoch auch krankhafte Störungen, allerdings bisher unbekannter Natur, welche diese, jetzt Seelenblindheit genannte Unfähigkeit zur denkenden Vereinigung oder zum Verständniß sinnlich wahrgenommener Eindrücke bedingen.

§ 5.

Dazu, daß einmal erhaltene Vorstellungen nicht verloren gehen, also für die Thatsache des Gedächtnisses, würden wir eine körperliche Unterstützung nicht zu bedürfen glauben. Denn auch bei materiellen Elementen würden wir nicht nachweisen können, in wiefern es gerade ihre Materialität wäre, welche das hier beobachtete Beharren ihrer Zustände begründete. Eben deshalb würden wir diese Eigenschaft auch jedem immateriellen Subject, das überhaupt zu wirken und zu leiden vermag, zuschreiben. Allein die Nothwendigkeit, unzählige verschiedene Eindrücke unvermischt in der völligen Einheit der Seele fortdauernd zu denken, begünstigte den anderen Gedanken, daß diese Aufgabe wohl besser durch eine große Vielheit von Elementen erfüllt werden könnte. Man dachte sich dies nicht so, daß die Eindrücke einen ruhenden Zustand als Nachwirkung zurückließen. Man würde sich vielmehr nach Analogie der Licht- und Schallschwingungen Bewegungen denken, welche sich über viele Elemente erstrecken und ungeachtet einzelner Störungen nach ihrer Durchkreuzung sich weiter fortpflanzen. Allein es würde unmöglich sein, diese allgemeine Analogie speciell zu verwerthen. Jedes Bild eines einzelnen sich nähernden Gegenstandes würde in jedem Augenblicke der Ausgangspunkt neuer Schwingungen sein, die sich mit den vorigen nicht decken. Wie daraus die eine Vorstellung des Gegenstandes entstehen soll, wie ferner zwei gleichzeitige Bewegungen sich unter einander so associiren sollten, daß die Erneuerung der einen auch die andere wieder in Gang bringt, ohne daß auch für diese ein besonderer neuer Anstoß erfolgt wäre, wie es endlich zugehen soll, daß eine Bewegung, die einem Partialeindrucke eines zusammengesetzten Bildes gehörte, gerade diejenige andere wiedererweckt, die mit ihr als ein anderer Theil desselben Bildes zusammengehörte, für die Beantwortung aller dieser Fragen fehlt es noch vollkommen an physikalischen Analogien. Wenn hiernach die körperliche Begründung des Gedächtnisses entbehrlich scheint, so zeigen doch die Beobachtungen an Kranken, daß sie in irgend einer Weise doch vorhanden ist. Die Thatsache, daß diejenigen Ereignisse leicht vergessen bleiben, welche dem Ausbruch einer Krankheit unmittelbar vorhergehen, ließe sich darauf schieben, daß ihre Vorstellung sich mit einem bereits kranken Gemeingefühl associirt hat, welches nach der Genesung nicht mehr besteht, so daß jenen Erinnerungen der Hebel fehlt, der sie reproduciren könnte. Allein andere Thatsachen, die Unfähigkeit zur Erinnerung an gewisse sachlich gleichartige Vorstellungsgruppen, z. B. an Eigennamen oder an einzelne Sprachen, sind bis jetzt keiner Erklärung zugänglich.

§ 6.

Die Bewußtlosigkeit des Schlafes ist überhaupt von verschiedener Tiefe, die sich durch die Größe der Anregungen messen ließe, die zum Erwecken nöthig sind. Sie ist aber sehr häufig unvollkommen in so weit, als namentlich Reize des Gehörs und des Tastsinns noch auf das Bewußtsein wirken und die zugehörigen Empfindungen veranlassen. Da jedoch im Schlaf die mit Absicht geleitete Aufmerksamkeit fehlt, die während des Wachens hauptsächlich mit Hülfe des Gesichtssinnes sich des ganzen Zusammenhangs der umgebenden Wirklichkeit bewußt ist, so reproduciren jetzt jene Empfindungen ohne alle Auswahl des Wahrscheinlichen diejenigen andern, mit denen sie ihrem bloßen Inhalt nach zusammenhängen oder durch irgend einen früheren Vorstellungslauf in Zusammenhang gebracht worden sind. Daher rührt jener phantastische Charakter der Träume, die sehr häufig zu einem kleinen Kern einer wirklichen Empfindung eine ausführliche Scenerie hinzudichten, die mit ihr allerdings ganz passend, aber mit der Wirklichkeit gar nicht zusammenhängt. Diese Thätigkeit des Bewußtseins im Schlaf läßt selbst die Steigerung zu, auf Fragen richtig zu antworten; und es ist also insoweit dem Geiste des Wachenden die Möglichkeit gegeben den Gedankenlauf des Träumenden und vielleicht selbst seine Handlungen in gewisser Ausdehnung zu lenken, denn auch dem unmittelbaren Uebergang der einmal angeregten Vorstellung einer Handlung in wirkliche Ausführung derselben steht hier kein gesammeltes Bewußtsein von der Wirklichkeit und der persönlichen Stellung in ihr hindernd entgegen.

§ 7.

Bedeutenden Einfluß auf den Verlauf aller geistigen Zustände schreiben wir den Temperamenten zu, worunter wir nichts weiter verstehen als die formellen und graduellen Verschiedenheiten der Erregbarkeit für äußere Eindrücke, der größeren oder geringeren Ausdehnung, mit welcher die angeregten Vorstellungen andere reproduciren, der Schnelligkeit, mit welcher die Vorstellungen wechseln, der Stärke, mit welcher sich an sie Gefühle der Lust und Unlust knüpfen, endlich der Leichtigkeit, mit der sich an diese inneren Zustände auch äußere Handlungen knüpfen. So unermeßlich verschieden die Temperamente in diesem Sinne sind, so sind dennoch als bestimmteste Typen die bekannten vier zu erwähnen: das sanguinische mit großer Geschwindigkeit des Wechsels und lebhafter Reizbarkeit; das phlegmatische mit geringem Reichthum und langsamen, deshalb aber nicht schwachen Rückwirkungen; das cholerische mit einseitiger Empfänglichkeit und großer Energie in einzelnen Richtungen; anstatt des melancholischen aber besser das sentimentale, ausgezeichnet durch besondere Empfänglichkeit für den Gefühlswerth aller möglichen Verhältnisse, aber gleichgültig gegen bloß Thatsächliches. Man muß sich hüten die Temperamente mit verschiedenen Krankheitsanlagen oder mit Charaktereigenschaften zu verwechseln, obgleich sich von selbst versteht, daß jedes für die sittliche Erziehung und für die körperliche Gesundheit seine besonderen starken und schwachen Seiten hat. Ueber die körperliche Begründung der Temperamente wissen wir nichts Entscheidendes.

§ 8.

Für die einzelnen geistigen Functionen hat die Phrenologie oder Kranioskopie geglaubt nach äußeren Kennzeichen eine Reihe von Organen nachweisen zu können; und zwar ohne allen Grund, sofern sie diese Organe räumlich trennte und ihre Lage zu bestimmen suchte; dagegen gewiß nicht ganz grundlos, wenn sie gewisse äußere Bildungen bloß als Kennzeichen ansah, welche dafür bürgen, daß die übrigens ganz unbekannten Bedingungen vorhanden sind, von denen auf nicht weiter nachweisbare Weise, aber thatsächlich das Zustandekommen oder die besondere Intensität jener Functionen abhängt. Von einer solchen nützlichen Sammlung von Thatsachen wurde sie außerdem durch einen andern Fehler abgehalten. Man konnte mit Frucht nur diejenigen Functionen oder Talente in Betracht ziehen, deren Sinn unzweideutig, und deren Vorhandensein weder gut verheimlicht werden kann, noch erheuchelt, wo sie fehlen z. B. musikalische, malerische, mathematische Talente, von denen allen man wirklich Beispiele genug von Vererbung innerhalb einer Familie hat. Dagegen Charaktereigenschaften, die nur durch feine Menschenkenntniß und auch dann niemals sicher zu schätzen sind und im vorkommenden Fall das Product nicht bloß der Naturanlage, sondern der Erziehung und der Lebensschicksale sein können, eignen sich gar nicht zu diesen Feststellungen, obgleich sie am häufigsten dazu benutzt worden sind.

§ 9.

Man unterschied ein sensorium commune und in neuerer Zeit ein motorium commune. Für das erste könnte eine nothwendige Leistung etwa darin bestehen, daß die einzelnen Eindrücke nicht als solche, sondern erst nach geschehenen Combinationen oder sonstigen Ausgleichungen Gegenstand für die Cognition der Seele werden sollen. Diese Vorarbeit hätte das Organ zu leisten, eine bloße Sammlung der Eindrücke in einem Raum schiene überflüssig. Inwieweit nun diese Aufgabe besteht, wissen wir nicht; wahrscheinlich würde sie uns nach dem früheren in Bezug auf die Raumanschauung sein, der vielleicht ein großer Theil des Gehirns gewidmet ist. Von dem motorium commune würde man verlangen, daß es die einzelnen motorischen Nervenursprünge auf vielfache Weise mit einander so in Verbindung setzt, daß eine Reihe untergeordneter Mittelpunkte entsteht, deren jeder nur eine Anregung braucht, um sogleich mehrere zweckmäßig combinirte Bewegungen in Gang zu bringen. Die Art der Einwirkung aber, welche nun die Seele selbst auf diese Punkte ausübt, stellt man sich gewiß falsch vor, wenn wir uns von der Seele Impulse ausgehen denken, die ganz gleichartig sind und sich bloß durch die Richtung, die sie nehmen und der gemäß sie auf verschiedene Endpunkte treffen, in ihrer Wirkung unterscheiden. Die Bestimmung einer solchen Richtung würde der Seele unmöglich sein ohne eine Kenntniß der Structur des Gehirns, die wir ihr nicht zutrauen können. Wir behaupten daher im Gegentheil: jede Bewegungsvorstellung A, die in der Seele entsteht, ist ein qualitativ anderer Zustand als die andere Bewegungsvorstellung B. Zu A gehört daher ein Folgezustand α, zu B ein anderer β. Diese beiden Zustände können nur in denjenigen Punkten der Nervenmasse entstehen, die durch ihre Organisation gerade für sie reizbar sind, so wie etwa ein Glas nur bei denjenigen Tönen mitklingt, die es beim Anstoß vermöge seiner eigenen Spannung erzeugen würde. Die Impulse der Seele brauchen also nicht dirigirt zu werden, sondern finden die Orte ihrer Wirksamkeit von selbst, wohl verstanden natürlich so, daß sie überhaupt gar nicht von einem bestimmten Punkte aus einen Weg bis dahin zurückzulegen haben. In ähnlicher Weise würden wir uns die Function des Sprachorgans denken, des einzigen, das man bisher mit größerer Sicherheit an einer bestimmten Stelle der Hemisphären des großen Gehirns gefunden hat. Verletzung dieser Stelle hebt die Fähigkeit auf, die vorgestellten Lautbilder eines Wortes mit den Anregungen der Sprechmuskelbewegungen so zu combiniren, wie es die wirkliche Aussprache des Wortes verlangen würde. Können wir uns indessen hier einige Vorstellungen von der Art der Leistung bilden, die diesem Organ obliegt, so sind wir um so unklarer über die Art, wie eine solche Störung seiner Leistung zu Stande kommen kann, wie sie in dem Krankheitsbilde der Aphasie vorliegt.

§ 10.

Für alle höheren geistigen Fähigkeiten, die in der Beurtheilung der Verhältnisse gegebener Vorstellungen bestehen, wissen wir weder empirisch ein bestimmtes körperliches Organ nachzuweisen, noch wüßten wir uns vorzustellen, was denn eigentlich ein solches zur

Lösung des wesentlichsten Theils dieser Aufgabe, nämlich zur Fällung des Urtheils selbst, Nützliches beitragen könnte. Begreiflich ist dagegen, daß diese höheren Leistungen die vollständige und klare Repräsentirung des Inhalts, über den geurtheilt werden soll, und folglich auch die ungestörte Function derjenigen Organe voraussetzen, die zur ersten sinnlichen Wahrnehmung, dann zu ihrer Reproduction und ihrer Verbindung mit andern, endlich zu der passenden Anknüpfung von Werthgefühlen an jede von ihnen beitragen.

§ 11.

Es bleibt eine große Menge von Erzählungen übrig über ungewöhnliche geistige Leistungen bei Zuständen körperlicher Krankheit. Die verschiedenen Punkte derselben sind nicht alle gleich unglaubwürdig. Die Behauptung, es gäbe Fälle von einem unmittelbaren physikalisch gar nicht vermittelten Rapport zwischen dem Bewußtsein und entfernten Theilen der Außenwelt, läßt sich principiell nicht widerlegen; denn auf unmittelbare Wirkungen müssen zuletzt alle mittelbaren gegründet sein. Nur die Erfahrung kann uns lehren, wo sie sich vorfinden und wo nicht; und sie lehrt uns allerdings, daß das ganze wache und gesunde, dem sicheren Experiment zugängliche geistige Leben ganz allgemein nur durch physische Vermittlungen mit der Außenwelt zusammenhängt. Gedankenlos dagegen ist jedenfalls die Annahme, durch Aus- und Einströmungen eines thierischen Magnetismus in Bausch und Bogen die bestimmten Erscheinungen erklären zu können, die man wahrzunehmen glaubt. Nicht unmöglich ist ferner, daß dieselbe einfache Empfindung, z. B. des Lichtes, auch in andern Nerven, die für sie nicht bestimmt sind, entstehen kann; ganz unmöglich dagegen, daß eine geordnete Wahrnehmung einer Mannigfaltigkeit, z. B. das Lesen eines Briefes, durch Hautnerven erfolge, die nicht wie der Sehnerv zu dieser Combination der Eindrücke construirt sind. Es ist endlich möglich, daß allerhand geistige Functionen lebhafter von Statten gehen in

solchen Krankheitszuständen, welche den regelmäßigen Verkehr mit
der Außenwelt vermindern und hierdurch alle die kleinen Rücksichten
und die Zaghaftigkeit entfernen, die im gewöhnlichen Leben der Ausübung einer vorhandenen Fähigkeit entgegenstehen. In diesen Fällen,
z. B. wenn im Schlafwandel früher unlösbare Aufgaben gelöst
werden, gelingt diese Leistung immer nur mit Hülfe der Fähigkeiten,
die man im wachen Leben erworben hat. Daß endlich in solchen
Zuständen nichts Höheres erreicht wird, was der gewöhnlichen menschlichen Natur unerreichbar wäre, beweist der unbedeutende Inhalt
aller der angeblich in ihnen empfangenen Offenbarungen und die
Thatsache, daß die vielen Beispiele solcher Fälle sich in der Geschichte
niemals zu einem Fortschritt unseres Wissens vereinigt haben.

Siebentes Kapitel.
Von dem Reiche der Seelen.

§ 1.

Aufforderung von einer Seele zu sprechen haben wir allerdings
zuerst nur da, wo ohne diese Annahme Thatsachen unbegreiflich
wären. In Wirklichkeit kann aber Beseelung weiter reichen als diese
Aufforderung. In der That hat man von einer Beseelung aller
Dinge gesprochen; allein dieser Gedanke, für den man gute Gründe
haben mag, ist bis jetzt unfruchtbar gewesen zur Erklärung einzelner
Erscheinungen. Mit noch größerer Vorliebe ist von Pflanzen-
seelen gesprochen worden (Fechner, Nanna oder über das Seelenleben der Pflanzen. Leipzig 1848). Und gewiß ist Beseelung
gar nicht an den centralisirten Bau gebunden, den wir im Thier
beobachten und in der Pflanze vermissen; allein je abweichender
eben diese Organisation der Pflanze und folglich auch die Aeußerungen sind, durch die sie ihr etwaiges inneres Leben uns verständ-
lich machen könnte, um so weniger ist es möglich, aus dieser vielleicht richtigen Phantasie ein Object der Wissenschaft zu machen. Es

bleibt uns also bloß die Thierwelt, die uns eine Stufenreihe des geistigen Lebens darbietet.

§ 2.

Es würde irrig sein alle Thierseelen als Wesen von derselben Sorte anzusehen, die bloß nachher entweder mit mehr oder weniger Vermögen ausgestattet wären oder lediglich durch die Verschiedenheit der äußeren Eindrücke zu der größeren oder geringeren Höhe und zu den Eigenthümlichkeiten ihrer geistigen Ausbildung befähigt würden. Wir betrachten „Seele" wie früher nur als einen Titel, der allen den Wesen zukommt, die ihre inneren Zustände und Rückwirkungen auf Reize in der Form von Vorstellungen, Gefühlen und Strebungen erleben. Dasjenige aber, was sich in dieser gemeinsamen Sprache ausdrückt, also das eigentliche Wesen der Seele, kann von Haus aus so verschieden sein, wie wir uns Gold, Silber, Blei als ursprünglich verschieden denken, obgleich sie sich alle nur durch Gradverschiedenheiten derselben physischen Vorgänge, der Schwere, der Cohäsion, der Härte u. a. zu äußern vermögen.

Dies kann in Frage kommen, wo es sich um den Instinct der Thiere handelt, zu welchem nicht bloß auffallende Kunsttriebe, sondern eigentlich die ganze typische Lebensweise jeder Thiergattung zu rechnen ist. Vielleicht sind namentlich in den niederen Klassen die Seelen keineswegs in demselben Umfang wie die menschliche zum Lernen aus Erfahrung bestimmt, sondern haben in Uebereinstimmung mit ihrer körperlichen Organisation einen ursprünglichen Inhalt ihres Bewußtseins, von dem sie ebenso regiert werden, wie wir zuweilen durch eine zufällig entstandene Traumidee. Allein diese Annahme ist nicht weiter fruchtbar zu verwerthen.

Als weitere Hülfsmittel der Erklärung kann man hinzufügen, daß bei einem ganz andern Bau des Nervensystems vielleicht die vegetativen Vorgänge, die uns ganz unbewußt bleiben, in niederen Thieren beständige Gegenstände der Wahrnehmung und Ausgangspunkte für Handlungen sind, die uns grundlos erscheinen. Nicht

minder kann es Empfindungen äußerer Umstände geben, für die
uns die Organe fehlen, z. B. Empfindungen der kleinen elektrischen
Veränderungen in den Umgebungen, woraus die Empfindlichkeit für
Wetterveränderungen entsteht, nicht als Voraussicht des Künftigen,
sondern als Wahrnehmung des schon Eingetretenen. — Man hat
jedoch Unrecht alles thierische Seelenleben auf solchen Instinct zu
beschränken, vielmehr findet in den Handlungen eine Accommodation
an die Umstände so statt, daß offenbar dieselbe Ueberlegung und Benutzung der Erfahrungen, auf die sich unser tägliches Leben gründet,
auch hier stattgefunden haben muß.

§ 3.

Wenn man **Verstand** und seine Leistung, das **Denken**, als
Auszeichnung des **Menschen** betrachtet, so versteht man darunter,
daß er den Lauf der Vorstellungen nicht bloß so in sich geschehen
läßt, wie er nach mechanischen Gesetzen geschieht, sondern daß er eine
Thätigkeit ausübt, welche die nicht zusammengehörigen Vorstellungen
wieder trennt, die zusammengehörigen aber nicht bloß zusammenläßt,
sondern sich zugleich in Gestalt allgemeiner Begriffe oder Grundsätze
der **Rechtsgründe** bewußt wird, um deren willen sie zusammen gehören. Man hat keinen Grund eine so weit gehende Reflexion den
Thieren zuzutrauen, um ihr zweckmäßiges Verhalten und die Berück-
sichtigung der Umstände möglich zu machen. Reicht doch der gewöhnliche Vorstellungsverlauf (da auch in ihm das Zusammengehörige
sich allmählich fester associirt, als alles andere) für sie ebenso gut
hin, wie auch der Mensch in einem großen Theile seines alltäg-
lichen Lebens sich ihm allein überläßt: Hält man also den Verstand oder das Denken für eine auszeichnende Anlage des Menschen,
so können unter den Umständen, die deren Ausbildung begünstigen,
vorzüglich angeführt werden: die lange unbehülfliche Kindheit, welche
die Aufsammlung vieler Erfahrungen herbeiführt, ehe sie das Han-
deln möglich macht; dann die Geschicklichkeit der Hand, die den Men-

schen zum gebornen Experimentator macht und eine Menge zusammenhängende Beobachtungen gestattet; endlich die Sprache, theils weil die Lautbilder als Symbole für Vorstellungen den Inhalt derselben fixiren und die Verbindung vieler Vorstellungen zum Gegenstand einer innern Anschauung machen können, theils und hauptsächlich, weil die Mittheilung den Vorstellungslauf jedes Einzelnen durch die aufregende, bereichernde und corrigirende Dazwischenkunft eines fremden Gedankenlaufes weiter entwickelt.

§ 4.

Am bestimmtesten sieht man Vernunft für die Auszeichnung des Menschen an und versteht darunter die Fähigkeit, ewige Wahrheiten unmittelbar in sich zu vernehmen, sobald äußere Erfahrungen den Thatbestand zum Bewußtsein gebracht haben, über welchen dieselben ein Urtheil, hauptsächlich eines der sittlichen Billigung oder Mißbilligung auszusprechen haben. Wir wissen nichts über eine erste psychologische Entstehung dieser einfachsten Grundsätze des Gewissens und haben daher Grund, sie für eine jener Reactionen der ursprünglichen Natur des Geistes zu halten, welche niemals, wie man allerdings oft versucht, durch die äußeren Anlässe erklärbar sind, die sie allerdings bedürfen, um überhaupt erweckt zu werden. Es ist übrigens gleichgültig, ob man sie als angeboren oder durch die Erfahrung des Lebens erworbene Ausstattung ansieht, wenn man nur zugibt, daß sie dann, wenn sie in uns entstanden sind, die Ausdrücke einer zwar durch Erfahrung gefundenen, ihrem Inhalt und ihrem Werthe nach aber von dieser ganz unabhängigen Wahrheit sind.

§ 5.

Die sittlichen Wahrheiten sind vorhanden, um den Willen zu bestimmen. Auch von diesem sprechen wir nur bei Menschen: den Thieren rechnen wir keine ihrer Handlungen zu, weil wir sie als natürliche Folgen von Trieben, aber eben nicht als Handlungen eines Willens betrachten. Triebe sind ursprünglich nur Gefühle, und zwar meistens der Unlust oder doch der Unruhe; sie pflegen aber verknüpft zu sein mit Bewegungsantrieben, die in der Weise der Reflexbewegungen zu allerhand Bewegungen führen, durch die nach längerem oder kürzerem Irrthum die Mittel gefunden werden, jene Unlust zu beseitigen. Dann, wenn sich mit dem Gefühl die Vorstellung desjenigen Thuns verbindet, durch welche die Unlust beseitigt wird, dann erst ist eigentlich ein Trieb entstanden, der ein Ziel hat, und von dem die thierische Seele getrieben wird. In derselben Weise geschehen unzählige sogenannte Handlungen des menschlichen Lebens, von denen wir mit Unrecht sagen, sie seien gewollt. In der That ist nur kein Wille thätig gewesen, um ihr Geschehen zu verhindern. Mit Recht sprechen wir vom Wollen nur dann, wenn in einer Ueberlegung die Beweggründe zu verschiedenen Handlungen und ihre Werthe mit vollem Bewußtsein verglichen, und dann eine Entscheidung für die eine von ihnen gefällt wird.

Es ist ganz grundlos zu behaupten, daß wir auch dann durch den Satz „ich will" nichts weiter ausdrücken, als die Voraussicht des Futurum „ich werde". Dies würde nur dann gelten, wenn das Zeitwort, dessen Futurum wir meinen, selbst schon eine Handlung bedeutet, in deren Begriff ein vorausgegangenes Wollen bereits enthalten ist. Sonst aber wird die unbefangene Beobachtung zugeben, daß die eigenthümliche Billigung einer vorgestellten Handlung oder die von dem persönlichen Ich ausgehende Adoptirung eines Entschlusses, so unmöglich es auch sein mag sie weiter zu construiren, doch ein thatsächlich gegebener und aus keinem Mechanismus der Vorstellung erklärbarer Vorgang in unserem Innern ist.

§ 6.

Auch wenn man diese Natur des Willens anerkennt, würde man doch, wenn es bloß auf erklärende Wissenschaft ankäme, auch ihn in jeder seiner Aeußerungen nach bestimmten Gesetzen determinirt denken können. Wenn nun die Moral für ihre Absichten Freiheit des Willens zu brauchen glaubt, so muß die Psychologie wenigstens nicht zu dem Versuche gemißbraucht werden über die Möglichkeit dieser Annahme nach angeblichen Erfahrungen zu entscheiden. Es ist nicht wahr, daß wir in unserer Selbstbeobachtung die zwingenden Gründe für alle unsere Handlungen finden. Sehr häufig finden wir gar nichts; selbst da aber, wo wir sie zu finden glauben, ist dies zweideutig; denn wenn in einer Ueberlegung die Motive für zwei entgegengesetzte Handlungen a und b lange verglichen worden sind, und dann eine Entscheidung für a eingetreten ist, so muß hinterher es immer so aussehen, als hätten die Gründe für a durch ihre eigene Stärke mechanisch die für b überwältigt; und dieser Schein müßte ganz ebenso entstehen, wenn die Entscheidung für a in der That durch eine völlig undeterminirte Freiheit herbeigeführt wäre. Der Metaphysik muß überlassen bleiben, ob im übrigen der Begriff einer solchen Freiheit mit unserer ganzen Weltauffassung vereinbar ist, und der praktischen Philosophie, ob er die Vortheile verspricht, um deren willen man ihn wagt.

Verzeichniß
der
literarischen Publicationen Hermann Lotze's
mitgetheilt von E. Rehnisch.

A. Selbständige Werke, Abhandlungen in Zeitschriften ꝛc.

De futurae Biologiae principiis philosophicis. Dissertatio inauguralis medica, quam Gratiosi Medicorum Ordinis auctoritate in Academia Lipsiensi pro summis in Medicina et Chirurgia honoribus rite capessendis Illustris ICtorum Ordinis venia in Auditorio Iuridico D. XVII. M. Julii A. MDCCCXXXVIII publice defendet auctor *Rudolphus Hermannus Lotze*, Budissino-Lusatus, Medic. Baccal., Philos. D. AA. BB. M. Lipsiae, typis Breitkopfio-Haertelianis. — Das der medicinischen Facultät von Lotze eingereichte Curriculum vitae findet sich abgedruckt in dem zu der Lotzischen Disputation und Promotion einladenden Programm (p. 9—11) des damaligen Procancellarius der Universität Leipzig, Prof. E. G. Kühn: Apollonii Citiensis de articulis reponendis commentationis e cod. biblioth. Laurent. erutae Pars VI.

De Summis Continuorum. Scripsit et Amplissimi Philosophorum Ordinis auctoritate D. XXV. Maji Illustris ICtorum Ordinis concessu in Auditorio Juridico publice defendet *Hermannus Lotze*, Zittaviensis, Med. Chir. Phil. D. AA. LL. M., assumpto socio *Gustavo Schilling*, Koethano, Philosophiae Studioso. Lipsiae, typis Breitkopfii et Haertelii. MDCCCXL.

    Theses Disputationis:
- I. Methodo Euclidea non parari adaequatam rerum geometricarum explicationem.
- II. Tollendam esse omnem virium notionem ex rerum naturae consideratione speculativa.
- III. Nullam esse in rebus a genere humano aut gestis aut gerendis progressionem a minori ad majus, sed differentiam inter culturam atque culturae obstacula per omnia tempora magnitudinem esse constantem..
- IV. Aestheticam doctrinam recensendam esse inter disciplinas physicas.

Gedichte von H. Lotze. Leipzig, Weidmann'sche Buchhandlung. 1840.

Bemerkungen über den Begriff des Raumes. Sendschreiben an Dr. Ch. H. Weiße, von Dr. Hermann Lotze in Leipzig. — 'Zeitschrift für Philosophie und speculative Theologie', herausgeg. von J. H. Fichte Bd. VIII (= der Neuen Folge Bd. IV), Bonn 1841, Seite 1—24.

Vergl. Ch. H. Weiße, Ueber die metaphysische Begründung des Raumbegriffes. Antwort an Hrn. Dr. Lotze — in demselben Bande dieser Zeitschrift, Seite 25—70.

J. Prince-Smith, Deduction des Raumbegriffs und der drei Abmessungen des Rauminhalts. Sendschreiben an Prof. Dr. Hermann Lotze in Leipzig — in derselben Zeitschrift Bd. X (1843) Seite 83—120.

Metaphysik. Von Dr. Hermann Lotze, Docent. der Medicin und Philosophie an der Universität Leipzig. Leipzig 1841.

Besprechungen dieses philosophischen Erstlingswerkes Lotze's finden sich: (v. Ch. H. Weiße) in der 'Zeitschrift für Philosophie u. speculat. Theologie' Bd. IX (1842), Heft 2 Seite 301—320; — (von M. W. Drobisch) in der 'Neuen Jenaischen Literaturzeitung' 1843 No. 136—138 (8. 9. 10. Juni); — (von H. Ritter) in den 'Götting. gelehrten Anzeigen' 1843, Stück 125—127, Seite 1241—1254.

Allgemeine Pathologie und Therapie als mechanische Naturwissenschaften. Von Dr. *R. Hermann Lotze*, Docenten der Medicin und Philosophie an d. Univ. Leipzig. Leipzig 1842. — 2. verbesserte Auflage, ebd. 1848.

Das Vorwort der 1. Aufl. ist datirt: 'Leipzig den 14. August 1842'.

Logik. Von Dr. R. Hermann Lotze, außerord. Professor der Philosophie und Doc. der Medicin an der Universität Leipzig. Leipzig 1843.

Herbart's Ontologie. Von Professor Dr. Hermann Lotze. — 'Zeitschrift für Philosophie und speculative Theologie', Bd. XI (Tübingen 1843), Seite 203—234.

Vergl. Drobisch, zur Verständigung über Herbart's Ontologie — in derselben Zeitschrift Bd. XIII (1844), Seite 37—68.

Leben. Lebenskraft, vom Prof. H. Lotze in Leipzig — im 'Handwörterbuch der Physiologie', herausgegeben von Rudolph Wagner, 6. Lieferung, Braunschweig 1843.

Die Lotzische Abhandlung über 'Leben. Lebenskraft' steht jetzt, in dem fertigen Werke, (Seite IX—LVIII) als Einleitung zum Ganzen an der Spitze des ersten Bandes von R. Wagner's Handwörterbuch der Physiol. (mit dem Titelblatt 'Braunschweig 1842'). Veröffentlicht worden aber ist sie erst in der 6., den Schluß des ersten Bandes bildenden, Lieferung. — In dem mit der 1. Lieferung verausgabten, von R. Wagner 'Göttingen, im Februar 1842' datirten Prospectus kommt in der Aufzählung der Mitarbeiter der Name Lotze's noch gar nicht mit vor.

Instinkt, vom Professor Lotze in Göttingen — im 'Handwörterbuch der Physiologie', herausgeg. v. R. Wagner, 8. Lieferung, Braunschweig 1844 (= Band II, Seite 191—209).

Ueber den Begriff der Schönheit — in 'Göttinger Studien. 1845' (Göttingen, bei Vandenhoeck u. Ruprecht), 2. Abtheilung, Seite 67—125 [auch separat erschienen].

Seele und Seelenleben — im 'Handwörterbuch der Physiologie', herausgeg. v. R. Wagner, Lieferung 13. 14, Braunschweig 1846 (= Bd. III, Abtheilung I, Seite 142—264).

Ueber Bedingungen der Kunstschönheit — in 'Göttinger Studien. 1847' (Göttingen, Vandenhoeck u. Ruprecht), 2. Abth. 1. Liefg. Seite 73—150 [auch separat erschienen].

Allgemeine Physiologie des körperlichen Lebens. Leipzig 1851.

Medicinische Psychologie oder Physiologie der Seele. Leipzig 1852.

Das Werk ist beim Verleger nicht mehr zu haben. — Von Lotze neu überarbeitet, ist das erste Buch des Werkes unter dem Titel:
Principes généraux de Psychologie physiologique, par Hermann Lotze. Nouvelle édition, traduite de l'allemand par A. Penjon. Paris, librairie Germer Baillière et Cie. 1876.
als ein Band der 'Bibliothèque de Philosophie contemporaine' in französischer Uebersetzung erschienen.

Quaestiones Lucretianae — im 'Philologus, Zeitschrift für das klassische Alterthum', herausgeg. v. F. W. Schneidewin, 7. Jahrgang (Göttingen 1852) Seite 696—732.

Psychologische Untersuchungen. I. Ueber die Stärke der Vorstellungen — in der 'Zeitschrift für Philosophie u. philos. Kritik', herausgeg. von J. H. Fichte, H. Ulrici und J. U. Wirth. Bd. XXII (Halle 1853), Seite 181—209.

Mikrokosmus. Ideen zur Naturgeschichte und Geschichte der Menschheit. Versuch einer Anthropologie. 1. Bd. Leipzig 1856. 2. B. ebb. 1858. 3. Bd. ebb. 1864. — Zweite Auflage, ebb. 1. Bd. 1869, 2. Bd. 1869, 3. Bd. 1872. — Dritte Auflage, ebb. 1. Bd. 1876, 2. Bd. 1878, 3. Bd. 1880.

Eine russische Uebersetzung des Mikrokosmus ist in den 1860er Jahren erschienen. Gegenwärtig ist der Mikrokosmus in Rußland — verboten. Uebersetzungen des Werkes in verschiedene andere Sprachen sind, zum Theil schon seit Jahren, in Vorbereitung. Uebersetzungen einzelner Stücke desselben sind vielfach von Zeitschriften diesseits und jenseits des Oceans gebracht worden. So enthält z. B. die in New-York erscheinende Wochenschrift: 'The Inquirer' in ihrer Nummer vom 5. Juli 1877 (vol. XXXII. no. 31. — whole no. 1601) zugleich mit einem biographischen Artikel über Lotze eine Uebersetzung von der Einleitung zum Mikrokosmus. Andrerseits sind Abschnitte aus dem Mikrokosmus auch als Musterstücke deutschen Stiles abgedruckt worden. So in einem von dem bekannten amerikanischen Sanskritforscher und Linguisten, Prof. W. D. Whitney am Yale-College zu New-Haven, herausgegebenen deutschen Lesebuch für höhere Unterrichtsanstalten (German reader, with notes and vocabulary. New York 1870) aus Band II, Buch 5, Cap. 2 das Stück 'vom Putz und Schmuck'. Bei uns in Deutschland z. B. in der 'Geschichte der deutschen Literatur' von Heinrich Kurz, Band IV Seite 944 ff. eine Probe aus dem Mikrokosmus Band III Seite 1—5. Nebenbei bemerkt hat Kurz, wie das übrigens auch schon Rud. Gottschall (Die deutsche Nationalliteratur in der ersten Hälfte des neunzehnten Jahrhunderts, Breslau 1855, Band II Seite 65. 281. 655) begegnet war, aus dem Philosophen Lotze und dem Autor der 1840 erschienenen 'Gedichte von H. Lotze' zwei verschiedene Personen gemacht.

Streitschriften. Erstes Heft: In Bezug auf Prof. J. H. Fichte's Anthropologie (Persönliches. — Zur Atomentheorie. — Leben u. Mechanismus. — Wechselwirkung zwischen Leib u. Seele. — Vom Sitze der Seele). Leipzig 1857.

Antigona Sophoclis fabula. Latinis numeris reddidit Herm. Lotze. Gottingae 1857.

Die betr. Verlagsbuchhandlung befindet sich gegenwärtig in Kassel.

Geschichte der Aesthetik in Deutschland. (= Geschichte der Wissenschaften in Deutschland. Neuere Zeit. Auf Veranlassung und mit Unterstützung Sr. Maj. des Königs v. Bayern Maximilian II. herausgeg. durch die Historische Commission bei der Königl. Academie d. Wissenschaften. 7. Bd.) München 1868.
System der Philosophie. Erster Theil: Drei Bücher der Logik. Leipzig 1874. 2. Auflage, ebb. 1880. — Zweiter Theil: Drei Bücher der Metaphysik. ebb. 1879.
De la formation de la notion d'espace. La théorie des signes locaux. — 'Revue philosophique de la France et de l'Étranger', dirigée par Th. Ribot. Deuxième année. No. 10. Octobre 1877 (= Tome IV, p. 345—365). Paris, librairie Germer Baillière et Cie.
Alter und neuer Glaube, Tagesansicht und Nachtansicht. (Mit Beziehung auf G. Th. Fechner: Die Tagesansicht gegenüber der Nachtansicht. Leipzig 1879.) — 'Deutsche Revue über das gesammte nationale Leben der Gegenwart', herausgeg. v. Rich. Fleischer. Mai 1879 (= Jahrgang III, Bd. 3, Seite 175—201). Berlin, Otto Janke.
Anfänge spiritistischer Conjectural-Kritik — in derselben Zeitschrift, December 1879 (= Jahrgang IV, Bd. 1, Seite 321—329).
Philosophy in the last forty years. First article. — 'The Contemporary Review'. January 1880. p. 134—155 (Strahan & Co., 34 Paternoster Row, London).
L'infini actuel est-il contradictoire? Réponse à M. Renouvier. — 'Revue philosophique', dir. par Th. Ribot. Cinquième année. No. 5. Mai 1880 (= Tome IX, p. 481—492).
Vergl. die Artikel von Herrn Renouvier in der 'Critique philosophique' 1880 Nr. 3, 4, 5: L'infinité de l'espace et du temps dans la métaphysique de M. Lotze; und seine Replik in der 'Revue philosophique', Juni 1880: L'infini actuel est-il contradictoire? Réplique à M. Lotze.
Grundzüge der Psychologie. Dictate aus den Vorlesungen. Leipzig 1881.

B. Recensionen und Selbstanzeigen.

a) in den 'Hallischen Jahrbüchern für deutsche Wissenschaft und Kunst', herausgegeben von A. Ruge und Th. Echtermeyer.

2. Jahrgang, 1839.

Seite 1545—1592: K. W. Stark, Allgemeine Pathologie oder allgemeine Naturlehre der Krankheiten. Leipzig 1838.

b) in den 'Göttingischen gelehrten Anzeigen'.

1844.

Stück 140, Seite 1390—1398: *Amand Saintes*, histoire de la vie et de la philosophie de Kant. Paris et Hambourg 1844.

Stück 170—172, Seite 1695—1710: *F. Bouillier*, histoire et critique de la révolution Cartésienne. Lyon 1842.

1845.

Stück 124—127, Seite 1241—1272: G. Hartenstein, die Grundbegriffe der ethischen Wissenschaften. Leipzig 1844.

1846.

Stück 4—7, Seite 38—60: H. Krause, über die Wahrhaftigkeit. Ein Beitrag zur Sittenlehre. Berlin 1844.

Stück 19, Seite 191. 192: K. W. Stark, Allgemeine Pathologie oder allgemeine Naturlehre der Krankheit. 2 Bde. Leipzig 1844. 1845.

Stück 45. 46, Seite 447. 448: H. Lotze, über den Begriff der Schönheit (Göttinger Studien 1845. 2. Abth. Seite 67—125).

Stück 57—60, Seite 561—588: J. H. Koosen, der Streit des Naturgesetzes mit dem Zweckbegriffe in den physischen und historischen Wissenschaften. Eine Einleitung in das Studium der Philosophie. Königsberg 1845.

Stück 77, Seite 761—768: F. Biese, philosophische Propädeutik für Gymnasien und höhere Bildungsanstalten. Berlin 1845.

Stück 89—91, Seite 881—893: *Bordas-Demoulin*, le Cartésianisme ou la véritable rénovation des sciences. Ouvrage couronné par l'Institut. Précédé d'un discours sur la réformation de la philosophie au dix-neuvième siècle, par *F. Huet*. 2 tomes. Paris 1843.

1847.

Stück 3. 4, Seite 28—43: G. Th. Fechner, über das höchste Gut. Leipzig 1846.

Stück 6—9, Seite 57—82: Th. Waitz, Grundlegung der Psychologie, nebst einer Anwendung auf das Seelenleben der Thiere, besonders die Instinkterscheinungen. Hamburg u. Gotha 1846.

Stück 30—36, Seite 297—349: H. M. Chalybäus, Entwurf eines Systems der Wissenschaftslehre. Kiel 1846.

1848.

Stück 13, Seite 133—136: Joseph Freiherr v. Eichendorff, über die ethische u. religiöse Bedeutung der neueren romantischen Poesie in Deutschland. Leipzig 1847.

Stück 57, Seite 556—564: F. W. Hagen, psychologische Untersuchungen. Studien im Gebiete der physiologischen Psychologie. Braunschweig 1847.

Stück 63—66, Seite 628—662: J. H. Koosen, Propädeutik der Kunst. Königsberg 1847.

Stück 82—85, Seite 817—852: H. Ulrici, das Grundprincip der Philosophie, kritisch u. speculativ entwickelt. 1. Th.: Geschichte und Kritik der Principien der neuern Philosophie. Leipzig 1845. — 2. Th.: Speculative Grundlegung des Systems der Philosophie ob. die Lehre vom Wissen. ebb. 1846.

Stück 87—89, Seite 874—885: F. Vorländer, Wissenschaft der Erkenntniß. Im Abriß systematisch entworfen. Marburg u. Leipzig 1847.

Stück 169, Seite 1682. 1683: H. Lotze, über Bedingungen der Kunstschönheit. (Göttinger Studien 1847. 2. Abth. Seite 73—150.)

Stück 169, Seite 1684. 1685: Saverio Caballari, zur historischen Entwicklung der Künste nach der Theilung des römischen Reichs. (Göttinger Studien 1847. 2. Abth. Seite 222—279.)

1849.

Stück 16, Seite 159. 160: R. H. Lotze, allgemeine Pathologie u. Therapie als mechanische Naturwissenschaften. 2. verb. Aufl. Leipzig 1848.

Stück 144, S. 1427—1436: Joh. Heinr. Löwe, über den Begriff der Logik u. ihre Stellung zu den andern philosophischen Disciplinen. Wien 1849.

Stück 173—175, Seite 1721—1744: E. Guhl, die neuere geschichtliche Malerei u. die Akademien. Mit einer Einleitung von Prof. Dr. F. Kugler. Stuttgart 1848.

1850.

Stück 80—82, Seite 793—805: Das Leben einer Hexe. In Zeichnungen von Bonaventura Genelli, gestochen von H. Merz u. Gonzenbach. Düsseldorf u. Leipzig s. a.

Stück 112—115, Seite 1118—1152: O. Domrich, die psychischen Zustände, ihre organische Vermittelung u. ihre Wirkung in Erzeugung körperlicher Krankheiten. Jena 1849.

Stück 152—156, Seite 1513—1559: Th. Waitz, Lehrbuch der Psychologie als Naturwissenschaft. Braunschweig 1849.

Stück 167, Seite 1661—1670: G. Th. Fechner, Nanna oder über das Seelenleben der Pflanzen. Leipzig 1848.

1851.

Stück 100—102, Seite 993—1016: R. H. Lotze, allgemeine Physiologie des körperlichen Lebens. Leipzig 1851.

1852.

Stück 100—102, Seite 993—1014: R. H. Lotze, medicinische Psychologie oder Physiologie der Seele. Leipzig 1852.

Stück 200—203, Seite 1993—2028: M. W. Drobisch, erste Grundlinien der mathematischen Psychologie. Leipzig 1850.

1853.

Stück 38—41, Seite 377—416: H. Ulrici, System der Logik. Leipzig 1852.
Stück 174—177, Seite 1737—1776: E. Pflüger, die sensorischen Functionen des Rückenmarks der Wirbelthiere nebst einer neuen Lehre über die Leitungsgesetze der Reflexionen. Berlin 1853.

1854.

Stück 146—148, Seite 1451—1475: G. Meissner, Beiträge zur Physiologie des Sehorgans. Leipzig 1854.
Stück 158—160, Seite 1580—1590: W. Schlötel, die Logik, neu bearbeitet. Göttingen 1854.

1855.

Stück 106—108, Seite 1049—1068: Ed. Hanslick, vom Musikalisch-Schönen. Ein Beitrag zur Revision der Aesthetik der Tonkunst. Leipzig 1854.
Stück 109—112, Seite 1081—1112: G. Th. Fechner, über die physikalische und philosophische Atomenlehre. Leipzig 1855.
Stück 153—155, Seite 1521—1538: H. Czolbe, neue Darstellung des Sensualismus. Ein Entwurf. Leipzig 1855.

1856.

Stück 51, Seite 498—507: *A. Lemoine*, du sommeil au point de vue physiologique et psychologique. Ouvrage couronné par l'Institut de France. Paris 1855.
Stück 52—55, Seite 513—542: Wilh. Fridolin Volkmann, Grundriß der Psychologie vom Standpunkte des philosophischen Realismus u. nach genetischer Methode. Als Leitfaden für academische Vorlesungen u. zum Selbststudium. Halle 1856.
Stück 61—63, Seite 613—632: Jürgen Bona Meyer, Aristoteles' Thierkunde. Ein Beitrag zur Geschichte der Zoologie, Physiologie u. der alten Philosophie. Berlin 1855.
Stück 72—74, Seite 713—725: Aug. Weber, die neueste Vergötterung des Stoffs. Ein Blick in das Leben der Natur und des Geistes. Gießen 1856.
Stück 199, Seite 1977—1992: H. Lotze, Mikrokosmus. Ideen zur Geschichte u. Naturgeschichte der Menschheit. Versuch einer Anthropologie. 1. Bd. Leipzig 1856.

1857.

Stück 32, Seite 313—320: H. Czolbe, Entstehung des Selbstbewußtseins. Eine Antwort an Herrn Professor Lotze. Leipzig 1856.
Stück 36, Seite 353—356: *Antigona* Sophoclis fabula. Latinis numeris reddidit *Herm. Lotze*. Gottingae 1857.

Stück 52, Seite 513—520: J. H. Fichte, Anthropologie. Die Lehre von der menschlichen Seele. Neu begründet auf naturwissenschaftlichem Wege für Naturforscher, Aerzte u. wissenschaftlich Gebildete überhaupt. Leipzig 1856. — Herm. Lotze, Streitschriften. Erstes Heft: In Bezug auf Prof. Fichte's Anthropologie. Leipzig 1857.

1859.

Stück 8, Seite 73—80: H. Lotze, Mikrokosmus. 2. Bd. Leipzig 1858.
Stück 93—95, Seite 921—939: J. H. Fichte, zur Seelenfrage. Eine philosophische Confession. Leipzig 1859.
Stück 104, Seite 1026—1035: Karl Snell, die Streitfrage des Materialismus. Ein vermittelndes Wort. Jena 1858.

1872.

Stück 8, Seite 293—302: Ch. H. Weiße's System der Aesthetik. Nach dem Collegienhefte letzter Hand herausgeg. von Dr. Rudolf Seydel, außerordentl. Prof. d. Phil. in Leipzig. Leipzig 1872.

1876.

Stück 15, Seite 449—460: G. Teichmüller, neue Studien zur Geschichte der Begriffe. Erste Lieferung: Herakleitos. Gotha 1876.

1880.

Stück 16, Seite 481—492: Hoppe, die Scheinbewegungen. Würzburg 1879.